幼儿园

YOUERYUAN QUYU HUODONG
SHIYONG SHOUCE

区域活动

实用手册

〔美〕蔡伟忠 著

"去小学化" 就是这么轻松

中国农业出版社

导读
为什么区域活动是"去小学化"
最合适的方法之一？

（以下文章为了让基层幼儿教师容易理解，只针对主要的教学问题阐述）

    传统幼儿园教师采用教学活动作为主要的教学方法，而且大部分活动是按照市场教材的进度进行，于是幼儿园教师就像小学教师一样要按照教材的内容安排来赶进度。我1990年来国内参与课程改革，但是28年后的今天，我非常惊讶地发现大部分幼儿园还是在采用这种课程模式。很多幼儿园就算是开展区域活动，还是放不下教学活动的教学观念，好像不按照教材教孩子就没有完成任务，结果是教学活动没有取消，同时增加了区域活动环节，于是教师和孩子每天都在赶环节。这主要是因为小学化的魔咒挥之不去，且对幼儿教育主要是建立"认知概念"的信念不够强大。

    通过这种以集体教学活动为主导的课程模式孩子学会了很多课程内容，可是没有掌握关键的"认知概念"，以后学习新知识就比较困难。幼儿教育的任务是让孩子"学会学习"，而不是在幼儿阶段学会所有知识。

    以集体教学活动为主导的课程模式还会磨灭孩子自主学习、主动探究的欲望，结果就是被动性学习，对孩子的创新能力是一种严重的伤害。而且这种集体教学活动模式没有解决不同幼儿学习差异的问题，还可能让部分孩子形成负面自我认知，严重的甚至会对孩子的心理产生负面影响。

    西方很多先进的幼儿课程理念就是让孩子忙起来，有价值的忙。而且很多课程就是采用贴近孩子的生活元素和大自然元素，例如华德福课程、森林课程、蒙台梭利课程、方案课程等，课程的内容都离不开生活的元素。

    几乎每一位中国教师都会说"过程比结果重要"这句幼儿教育的至理名言，可是到实际操作时往往就变成千篇一律的"教育教学过程"和"千变万化"的脱离孩子生活经验的内容。

　　我在一所丹麦幼儿园看到这张照片中的情景。孩子向老师要了几块小木片，他对老师说："老师，给我几块小木片，我要做手工。"老师说："小木片没有，大木板有很多，也有锯子、钉子和锤子，就是没有小木片。"于是孩子骑着自行车，去很远地方拉了两条木板到这个工作台，把木板钉在工作台上，然后花了半天时间，从木板上锯下了几块小木片。在这个过程中孩子有没有锻炼到坚毅的品质？有没有增强内心的能量？我在这里要重点说一说人跟人的区别，其中最重要的不是知识，知识多少不是最重要的。李嘉诚、比尔·盖茨、乔布斯等成功人士，他们都有一个共性，就是内心能量强大。西方先进的课程就是可以用生活里的小事——例如锯木头——把孩子折腾得"死去活来"，这也体现了现在美国教育界鼓吹的 Grit（坚毅）元素。

　　中国幼师要学习的，是不要让孩子轻易得到一件东西。在中国你会发现一个问题，书读得越多的人，内心能量越不强大。在中国什么人内心能量最强大呢？是农民。我的经验是农民的内心能量最强大，天天跟天斗，一刮大风，全部收成没有了，又要重新再来，他们强大的内心能量就是在生活中磨炼出来的。

　　中国幼儿教育的一个问题是没有关注到心理素质的提升和建立，最重要的心理素质之一就是内心能量是否强大。什么叫内心能量强大？简单讲就是永不言弃，永远有信心，觉得我可以，不怕新的问题，想办法克服问题。中国教育缺的就是这个，日本、北欧都很重视从小锻炼孩子的内心能量，简单讲，叫自信心也行。

　　上面照片中这个孩子原来没锯过木板，他花了半天时间锯下了几块小木片。在这锯木板的过程中，孩子真实地认识到了自己的能力。中国教材教学只是停留在嘴巴上，是口号教育："你们要内心能量强大，小朋友，你们有没有自信心？""有！""勇不勇敢？""勇敢！"一到真正做的时候，全都不是那回事。

　　为什么不应该采用教材？为什么不应该采用教学活动？我用学游泳这个例子来说明。

　　假如你不会游泳，我来教你怎么游泳，我说一句你说一句：游泳很简单，最重要的是放松。走到海边，吸一口气，放松，跳下水去，就会浮起来。浮起来后，左手划，右手划，游起来。你能够很好地重复我说的，可是我教会你游泳了吗？假如把你丢到海里面，你会淹死的。中国的幼儿园教育就是停留在这种口号教育的水平。为什么我反对按照教材进度组织的教学活动？为什么我说不能用脱离生活经验的内容教孩子？因为那样的话你只能教出一批会说不会做的孩子。幼儿教师应该像教练一样，根本不用多说，应该多让孩子去做，做到让孩子自己在活动过程中锻炼能力、掌握技巧、认识道理、建立自信。

外国的幼儿教育课程方向很清楚，知道动手操作是让孩子建立"认知概念"的唯一方法，而且明白在大自然中磨炼出来的孩子的内心能量的重要性，所以很多西方幼教课程采用自然生态作为内容，让孩子在动手操作的过程中得到锻炼、磨炼。模拟一个需要孩子付出很多努力去克服困难的环境，孩子在环境里面得到锻炼，内心能量不断得到调整。可是中国幼儿园由于种种客观原因，很难提供足够条件来实现环境生态中的生活磨炼课程，所以区域活动是相对可以实现以上理念的课程元素。

区域活动的模式和传统的集体课模式完全不一样，区域活动是安排班里不同幼儿在同一时间分别进行不同的活动，过一段时间再彼此交换。例如今天有些孩子在画画，有些孩子在玩角色扮演游戏，有些孩子在搭积木，明天这些孩子将选择不同的活动内容。

因为孩子进入小学学习的都是基础知识，而基础知识学习是建立在生活的"认知概念"基础之上的，例如颜色、形状、数量等。于是不管幼儿在进行什么活动，锻炼的都是共性的、源自生活的"认知概念"。在不同的活动中经历同样的"认知概念"过程，可以让幼儿更好地理解和掌握这些"认知概念"。

而且区域活动采用的是分小组的组织模式，这样可以解决由于班级孩子多，教师难以帮助孩子建立自律常规的问题。同时可以帮助教师腾出时间，利用差异性资源投放来关注能力有差异的孩子。最后，区域活动操作简单，容易上手，只要调整好课程框架和为教师提供简单培训就可以实施。所以区域活动是在种种课程模式里，比较适合中国幼儿园用来作为"去小学化"的工具！

目录 MULU

第三部分　专业水平

第一部分
初级水平

第一章
新手老师区域活动快速上手问与答(Q&A)

一、区域活动的基本概念
二、关于区域布置和准备的问题
三、关于孩子使用区域活动的问题

对传统意义的新手老师来说，教育教学的任务就是上课。突然说传统教学活动不够，还要一个什么区域活动，可能一下就蒙了。大脑一下冒出来一大堆问题：什么是区域活动？为什么需要区域活动？怎样可以快速上手并正确运用区域活动？

第一章就是为新手老师准备的，帮助对区域活动不熟悉的老师来快速了解区域活动的原理和基本操作方式，并立即运用起来。这一章讲的是基本功，目的是让新手老师能够快速把区域活动运用起来，后面的高级内容讲解的是更深层次的教育要求，给老师更多的思考空间，需要老师具备一定的独立判断能力。

一、区域活动的基本概念

(一) 什么是区域活动?

区域活动就像我们在家里，把家里的空间进行划分，有客厅、餐厅、卧室、厨房，这样来理解。教室原来是一个空旷的空间，要是用传统的思维方式来理解，一间教室只是给老师上课用，这个上课的意思就是让老师进行集体教学。这间教室的功能只有一个，所以整个教室的布局就只需要把桌子、椅子摆整齐，面朝老师就可以，就等于是一个房间基本就是拿来做客厅聚会用的，摆满沙发就可以了。

幼儿园和学校很不一样的一点就是整个教学模式不只是采用集体教学，我们需要对教室空间进行设计，把它划分成不同的功能区域，就像买房子后就要对它进行规划：我们需要有一个客厅，需要有一个餐厅，要是孩子多的可能还要有孩子的游戏空间。

如果房子很大，空间就可以固定用途来使用了，比如这间固定作为餐厅，这间固定作为客厅。要是房子不大，就可能一个空间在不同时间段有不同的用途：这段时间用来做客厅，到吃饭的时候把一个活动的饭桌搭起来，客厅就变成了餐厅。区域教学就可以按照这个方式来理解。

在教室中划分出不同的空间，用作不同的功能区域使用，这些空间可以是临时的、有时间性的，或者说是一个空间在不同时间段有不同的功能；也可以是一个空间固定作为一种功能区域使用。

（二）为什么要用区域活动？

因为幼儿园的教学跟学校很不一样，不只是用集体教学的方式。在幼儿阶段，有两个原因会造成幼儿的个体差异：第一个原因是孩子到学校的时候已经经历了幼儿园、学校、社会的统一塑造，孩子雷同的经验比较多，所以差异性就比较小。幼儿园就不一样了，幼儿园是孩子从家里进入社会的第一个阶段，每个孩子受到家庭环境的影响都不同，因此孩子的差异性比小学生大。

第二个原因是这个年龄的基数很少，对于一个四岁的孩子来讲，八个月的时间是很长的，接近年龄的 20%，如果这个孩子年龄达到十来岁，八个月的年龄差异所占比例就小得多，所以年龄差异性在幼儿阶段是很明显的。

由于以上原因，老师要是采用集体教学的方式，就无法满足每个孩子的要求，因此老师必须采用多种手段去教学。而且这个时候孩子的学习特点也跟小学生不一样，更多的是采用模仿性学习、感官性学习，第一手经验的学习对他们非常重要，而进入小学以后就主要采用理解性学习。所以在这个时候教学模式必须是多样的，更多的是让孩子自主选择，通过游戏得到第一手经验。

另外，有些中国幼儿园的教室还得用来吃饭和睡午觉，所以只有有效利用区域才能满足各种要求。

（三）区域活动有什么教育价值？

相对于传统老师照本宣科的教育模式，区域活动能够实现以下教育价值：

1. 促进孩子的自主性学习。因为在区域活动过程中，孩子是获得尊重的——拥有选择活动内容的权利，这些自主选择的经历能够促进孩子的自主性学习。

2. 舒缓个体学习差异的问题。相对传统老师上课的模式，孩子自选的活动会更接近个体的水平，所以自选活动能够让每一个孩子从适合自己的学习水平（最近发展区）开始学习，因此区域活动能舒缓个体学习差异的问题。

3. 能让孩子有效建构经验。区域活动是需要孩子动手操作的，在操作过程中，孩子需要不断运用过去的经验、知识和"新环境"进行重组（建构），这个过程可以说是在"消化"、"反刍"知识和经验，也可以说是在进行知识的"内化"，所以区域活动能让孩子有效建构经验。

4. 有利于孩子发展交往能力。 在区域活动中，在每个区域里一起活动的孩子比起集体活动的要少多了，这样有利于孩子循序渐进地发展交往能力。

5. 减轻老师直接指导的时间。 区域活动中使用的是一种间接指导的方法，老师利用环境和材料教育孩子，这样就能够节省时间来处理更有价值的工作。

（四）不同年龄的区域活动有什么不同？

小、中、大班三个年龄段，孩子的心理特征有很大不同。小班孩子需要得到心理安全感，培养自理能力，这个时候的学习模式更多是采用直观的形式，即摸到的、看到的、接触到的，这样对这个年龄的孩子才有意义。在小班年龄的区域活动中孩子还不会产生很好的社会交往情境，所以在小班区域活动时，首先在空间划分时要避免使孩子彼此产生干扰，封闭性相对要高，符合这个时期孩子之间相对比较低的交往水平。

什么是低水平社会交往？即孩子还可能不会出现合作、帮忙、相互解决问题、讨论的情况，可能只是停留在我模仿你做、你模仿我做、我做了给你这种简单的合作。所以在每个区域里的人数不宜太多，而且区域里的孩子不要受到区域外孩子的干扰。区域里的情景要相对比较直观、比较丰富，比如孩子在"娃娃家"的时候，情景就需要很丰富。假如"娃娃家"是邮局，那么邮局的环境特征就要很直观、很明显。同时，材料的投放必须符合小班这个年龄段的特点，数量不宜太多，玩起来的复杂性要低。

中班年龄段跟小班最不一样的就是心理发展相对成熟，他们更多的是需要形象思维的发展、技巧的应用。这时候孩子的心理开始成熟，并且与人交往能力较强，所以这个时候的区域投放更多的应该是低结构游戏。什么叫低结构游戏？就是类似建构活动、美工活动，或者是水、沙，没有标准答案的游戏。这些低结构游戏对中班年龄段相对更重要，因为这个时候要把过去通过直观接触得到的经验，通过低结构游戏丰富起来。每一次进行游戏的时候，都可以通过本身的经验把过去的经验再现一次，等于把原来的思维再重新建构，这有利于中班孩子以后学习能力的发展。

至于区域的布局，由于交往能力更强了，需要设计初步合作的环境。比如"娃娃家"的复杂性可以增强，可以开始有更丰富的情景，通过做饭、餐厅、超市买卖等，创造更复杂的情境。材料投放的难度也可以更高了，比如说拼图就不是大块的几块，拼片的数量可以比小班的多。简单讲材料投放就是从少到多，从易到难。

跟小、中班孩子相比，大班孩子的自我表现欲望越来越强烈，所以应该让他们更多地参与到区域的创设过程中，例如让孩子参与区域的布局、区域标示牌的设计等。而且大班阶段是孩子社会交往能力和规律性发展的重要时期，所以区域可以更开放，甚至是没有物理区隔的。老师要相信孩子的自律能力，让孩子只要不影响别人，就可以自由选择活动的空间。同时大班阶段是孩子抽象思维萌芽的时候，材料投放的难度可以提高，可以有更多高结构的要求。

二、关于区域布置和准备的问题

（一）一般的区域可以划分为哪几种？

区域是一种概念，只要能具有教育价值，怎么划分区域都可以。要是按照一般的安排，我们会将活动区域划分为五大区域：益智区、美工区、建构区、角色区及语言区，有时候会把益智区再划分为数学区和科学区，也会在语言区里再划分一个表演区出来。现在也有把建构区再划分为木工、沙水区等，但基本都是划分为以上五个区。

1. 益智区。基本我们可以这样来理解益智区，就是通过向区域里面投放高结构、低结构的材料来达到教育目的。什么叫高结构？高结构就是有标准答案的。打比方说拼图就叫高结构材料，因为它是有标准答案的。而水和沙这种没有标准答案的就叫低结构的，雪花片这种也属于低结构材料。如果你在一筐雪花片里提供了一张工作纸，要求孩子按照工作纸的要求模仿拼出来，或者是回答标准答案，那么这一套材料就是高结构的了。

益智区基本是通过投放材料，让孩子在操作这些材料的过程中，学到或得到一些知识的传递和思维的发展。中国幼儿园的益智区偏向于投放更多的高结构材料，就是有标准答案的材料居多。所以我们可以这样理解，在我国，益智区更多的是在传递成人的知识或技巧给孩子，让孩子复习、运用在课堂或社会学到的知识。举个例子，集体课上老师教了数字 3 的分成，接着就可以在区域活动中让孩子在应用中达到对所学知识的迁移内化。

2. 美工区。画画可以让小班的孩子得到大肌肉及感官的锻炼，中大班的孩子还可以训练小肌肉及各种思维的发展，其中包括很重要的形象思维发展。同时也会让孩子学到一些绘画的技巧，这些都是为写字而做的重要的基础准备。所以要让孩子得到有效发展，除了让孩子自由涂鸦外，也应该适当地要求孩子用点、线等绘画，因为点和线是组成文字的元素。

手工类的活动，例如折纸、粘贴等，不但能够进一步发展孩子的大小肌肉，而且能很有效地发展孩子的立体空间概念。但需要注意的是孩子操作的动作必须配合老师的规范语言，例如："把你面前的纸的左右角对折"，这样就可以丰富孩子空间概念的经验，为以后的学习奠定基础。

3. 建构区。建构区基本就是让孩子在里面搭大积木，在这个过程中发展孩子的空间概念、语言能力等。因为是大的积木，在玩的过程中就很容易产生社会交往的环境，例如争吵、合作等，所以建构区也是发展社会交往能力的区域。老师应该把握什么情况应该让孩子自己解决，什么情况应该介入。这很难有一个标准，基本的原则是只要没有暴力行为，先让孩子自己处理，之后老师才介入。

除了发展社会交往能力，建构区也是"消化"、"反刍"知识和经验的区域。在建构区里，孩子通过搭建，逐步制作一个作品，在这个过程中孩子的思维获得锻炼。所以中、大班的建构区应尽量让孩子不要拆已完成的"作品"，要不断延续搭上去，否则今天搭了，回头又拆了，孩子明天又要重新再来，孩子的发展就不断反复，没办法延续提高。如果没有空间的话，也可以在地垫上做文章，老师一般都会在建构区铺地垫。在这里多说一句，选择地垫应不要选杂色的，很多老师会在一个区域里使用各种颜色，这是不对的，因为杂色没意义，除非你用颜色区分不同地方的不同功能。举个例子，比如摆放材料的是蓝色区，过道是黄色区，搭建的是绿色区，在绿色区里有几块区域是红色的，告诉孩子："在红色上面搭建的作品老师不会拆，因此可以搭得复杂一点，其他地方的作品是要拆的，因为要摆桌子吃饭或者摆床睡觉"，这样至少可以保留一部分孩子搭建的"成果"不被拆除。

进一步发挥建构区的效用就是把作品和主题课程结合，让孩子在建构区制作一个有主题的成果。建构区的作用就是让孩子逐步制作一个大型的作品。

建构区常见的几个问题包括老师可能会错误地投放小型拼插玩具——例如雪花片——作为材料；摆放材料的地方和游戏场地之间没有过道，容易互相影响；或者地面没有铺软垫，容易发出噪声。

4. 角色区（娃娃家）。小班孩子可以在这个区域复习已知情景，模仿生活中的父母的行为或看到的社会情景。在这个过程中可以稳定情绪，建构直观思维、产生形象思维，在模仿的过程中同时发展、锻炼其他能力和情感，所以说"娃娃家"在小班阶段是很重要的。到了中、大班时，孩子的发展情况更复杂，有语言发展、社会交往发展，甚至数学运用的发展，比如要求孩子拿一定数量的钱进"超市"买东西，让"收银员"算账，通过模拟情景，让孩子锻炼数学运算应用能力。

角色区（娃娃家）常见的几个问题包括老师没有系统地投放材料、情景和材料不匹配、有材料没情景等。

5. 语言区。一般我们会把语言区看作图书区，其实图书区跟语言区还是有区分的，语言区是有效运用有要求的语言的区域。因为要是没要求的语言发展，基本在其他区里都会用到，不管角色区还是建构区都会用到，日常生活中也会用到。所以我认为语言区应该分为两个：一个是安静的图书区，另一个是有噪声的表演区，或者是演讲区、讨论区。因为一个是静一个是动，这两个区是不能放在一起的。小班可以是简单的表演区，大班可以是辩论区、讨论区。

语言区常见的几个问题包括老师没有系统地投放材料、情景和材料不匹配、有材料没情景等。

（二）区域布局有什么要点？

当我们讲布局的时候，就是在讲我们在这个班里面怎样设计和摆放区域。一间教室基本有两扇门，有厕所、角落、窗户，该怎么布局？我的经验第一步是考虑老师站岗的位置，站岗的位置就是老师可以一目了然、基本上能看到整间教室的地方，必须是老师最方便管理孩子、照顾孩子的那个位置。这个位置一般而言是靠近黑板，或者是有集体教学的、有钢琴的、有电视的位置，方便老师集体教学、集体指示的地方，这个位置定下来之后再做布局。

第二步是考虑桌子怎么摆，按正常情况一个班 30 个孩子来算，需要 5 张六人桌。六人桌最主要的作用是吃饭，基本我会把六人桌靠近大门口，方便老师安排吃饭和需要用桌子的区域使用。同时也要方便老师进行集体教学，如果集体教学多，这 5 张桌子的位置就很重要！集体教学多的话，桌子的摆放就要集中一点，要是集体教学不多，就可以分散一点。六人桌摆下来，基本就确定了美工区、益智区的位置，因为美工区、益智区是必须用桌子的，而且这两个区是相对安静的区，教室前半部就这样划分。

把相对热闹的区域（包括建构区、角色区）放在教室的后半部，安静的语言区放在教室的前半部，表演区要是没有空间就不设置，或者放到教室外面去，因为表演区是噪声最大、干扰最大的，它的价值能够用其他区域取代。

位置摆放好以后就要考虑区与区之间的阻隔的封闭程度适不适合。一般小班的区域封闭性要做得强一点，孩子进出每一个区都要通过一个比较小的进出口，让孩子无法奔跑，这样孩子的常规相对容易管理，而且在区里不会受其他孩子的影响。但要注意这个隔断不能阻碍老师的视线，柜子要顺着老师站的位置摆，这样就既起到了封闭作用，又不会挡住老师的视线。

很多老师犯的错误是什么呢？就是该多给空间的情况给的不够多，不该多给空间的情况又给多了。最常见的问题出现在阅读区，很多时候老师给阅读区的空间太大了，这就提供了孩子走动、动作的空间，不利于孩子安静阅读，其实这个区的空间不需要太大。

另外一个容易犯错误的区是美工区，美工区需要的空间大，但很多老师给的空间不够。六人桌角落的两三个孩子的纸往往叠在一块，互相干扰、影响，所以美工区的六人桌最多坐四个孩子。有时候"娃娃家"给孩子的空间太大了，孩子互相干扰，特别是小班的"娃娃家"，应该有多个"娃娃家"分区，区和区互不干扰，比起在一个大的区里面摆很多材料更好用。应该这样理解，布局可以区中有区，也可以在一个空间中有多种同样的区出现，可以灵活设计。

总的来讲，安静的区和吵闹的区要分开，按照国外的说法，就是美工区要靠近水源。但在我们的经验里，我国幼儿园用水彩的机会不多，因为进美工区的时间不长，而用水彩绘画的时间太长，所以我国幼儿园的美工区更多的还是使用干的操作材料，比如蜡笔或折纸，靠不靠近水源关系不大。

除了水源，光源也很重要，其中阅读区、美工区都很需要光线，应尽量采用自然光。

（三）区域的布置有什么要求

区域布置最重要的是需要符合目标要求，比如在角色区就必须有情景。一个只有材料的区域，对比一个在墙壁上贴家里的照片、放着窗纱的区域，对孩子的暗示效果就完全不一样。所以在区域的布局中，要根据不同区域的要求，通过环境的布置创设情景的暗示。

怎么理解暗示的作用？比如刚才说的"娃娃家"、"角色区"就需要有情景的暗示。设计成派出所的，就要有派出所的情景，让孩子一进去就有这种感觉。你想让孩子在建构区里搭建东西，就需要有可搭建的物品照片等环境的布置，让他得到暗示。

除了情景的暗示，环境布置还可以起到教育作用。例如"语言区"就可以设计一些让孩子说话的情景，哪些是说话情景呢？比如我们贴一块 KT 板，板上面写着"看一看、说一说"，后面有一个透明塑料袋，让孩子更换不同的卡。这些卡可以有一些是"看一看说一说我喜欢的"，或者是"看一看说一说我不喜欢的"，或者是"看一看说一说是什么颜色的"。KT 板旁边的地面上可以有一个圆点，这个圆点是给讲话的人站的位置，正对着这幅环境的可以有两条线，是给听的人坐的位置。这样的"语言区"环境布置就产生了教育功能，站在圆点的人是讲的，在横线上的人是听的，区分了谁是听的，谁是讲的身份，孩子就能培养倾听的习惯。同时在讲的过程中，老师将孩子的作品贴在 KT 板面上，这样孩子就可以按照环境的指示，要求讲什么，就按照这个要求去讲，通过这样的环境促进孩子的语言发展。

环境布置在益智区里也有另一种作用，比如说环境布置要求孩子坐的时候是面对墙壁的，这样孩子的封闭性就强。环境布置也可以运用在座位的暗示方面，比如你拿了这套玩具，玩具标志是有圆点的，那么你就要坐到六人桌有圆点的位置玩。也可以在两人玩的玩具上标示出三角形，利用环境布置做出坐到有相应标示的地方玩的指示，这样可以更好地掌控孩子的发展。

（四）材料和玩具有什么不同？投放材料需要注意什么？

材料和玩具有很大的区别，材料是通过老师把玩具进行"教育加工"而得到的，"教育加工"的意思是老师根据孩子的发展需要，把买回来的玩具或简易材料（旧报纸等）通过选择、组合成为区域材料。"教育加工"可以简单到只是将一大包雪花片分为五片一小筐，也可以复杂到需要增加自制玩具、工作纸（对孩子提要求的说明）。不管简单还是复杂，老师投放的是经过思考的材料，而不只是给孩子一些买回来的玩具。

不管在什么区域，投放材料都有一个共同的要求，就是材料必须分类清楚、摆放整齐，每种材料放在什么位置都必须有清楚的标识，孩子在进区之前必须掌握取拿材料的方法，然后才能使用这个区域。

　　每个区域的材料投放都有不同的要求，而且不同年龄段的特点也不一样，基本原则就是从少到多，从易到难，从开放到封闭。

　　从少到多即数量和品种方面由少到多。第一个是数量，比如刚刚投放雪花片的时候，每个小班孩子可能只给一筐10片左右的雪花片，但到了大班后，筐里雪花片的数量可以增多。同样的，在品种方面也一样，小班时拼插类的材料只投放一两种，重复性的比较多，但到了大班可选择的投放品种越来越多，重复性相对较小，让孩子产生社会交往的经验。

　　从易到难就是提高复杂性和难度，比如说拼图，小班可能是18块一套的拼图，到了大班可以是几十块或上百块一套的拼图。

　　复杂性的提升还表现在情景方面，同样在"娃娃家"、"角色区"，在小班里就是家庭环境，进行妈妈给娃娃喂奶等活动。到了大班就可以设计很复杂的情景，例如孩子要到银行取钱，然后去超市买东西，回家做饭，接待客人等，在这些情境中孩子分别担任超市的收银员等角色。

　　从开放到封闭就是材料的目标性，小班相对多用开放性的材料，没有太多单一标准的要求，让他们寻找自己的最近发展区，这样相对容易掌握。到大班了，就可以更多提供一些知识性的材料，带有数学、数量、符号等标准要求的东西。

　　美工区的秘诀基本是投放大量可自选性的材料。举个例子，如果我们投放的都是A4纸，孩子做出来的效果就比较单一。要是我们把A4纸打横裁、对角裁，将一张纸变成两张不同形状的纸，让孩子可以有选择地、在不同规格的纸上来画，这样出来的效果、变化就会增加，而且孩子的可选择性也丰富。依此类推，可以在纸筒、塑料瓶上绘画，在不同材料上画出来，美工区的变化就丰富了。

　　美工区还有一个可以延伸的方面，就是利用再加工的方法。小孩做了一次的手工、画了一幅画，展示完以后拿下来进行再加工、粘贴，如贴纽扣、小豆等，做二次加工，这样有利于孩子的经验延续性建构，而且作品的美观性也会提高。美工区出来的作品应该运用到其他区域里作为环境布置材料，或者拿来作为操作材料。美工区制作的作品可以拿来放到益智区里作为分类、排序应用，也可以拿到语言区用来讲述，还可以通过手工操作，制作角色区需要的材料，画出来的东西也能放在建构区作为情景。

　　作为老师，你可以把美工区想象成一座加工厂，从孩子的角度来说，美工区的意义就是让他们在里面自由创造，不断地将经验用自身的想法及参考其他孩子的作品再建构，所以美工区的环境中必须要有一个板面，让孩子可以吸收其他孩子的作品。这个板面可以是"看一看、学一学"，上面贴着不同孩子的作品，老师引导孩子注意这些作品可以如何进行分解，比如分解它的颜色，分解它的布局，分解它的构图，分解它的形状，分解它用的是粗线条还是细线条……孩子通过对其他孩子作品的分解得到新的信息并进行吸收，以作品作为载体，学到别人的思维方式。美工区里展示出来的可以不只是自己班里的作品，可以是混班的、现成的作品，这样可以促进孩子对不同风格、不同特点的作品进行对比。

　　建构区的材料投放应该采用大的积木块，木头积木是最好的。积木有不同形状，有半圆形的，有拱形的，有不规则形的。如果没有这种积木，老师可以自己制作，将塑料瓶、易拉罐或者是小纸盒用透明胶贴好，拿来作为建构区的材料。

　　投放材料的时候，就算你买来一整套有很多不同形状的、大块的木制积木，也必须通过老师的教育加工才能变成区域材料，这个教育加工可以简单到选择适合的投放方式，老师投放给小班孩子的应该是形状简单的、很容易操作的；到中、大班时，形状不规则的积木也可以投放进去。老师对建构区域发展目标的调控，基本是通过材料的投放、情景的布局、老师的要求、孩子的组合来进行的。

　　在小、中、大班建构区投放材料（即大积木块）的复杂度有所不同，形状一样的积木块对于小班孩子来说相对容易搭建，但如果到大班了还都是一样的积木块的话难度就太低了。这时候就可以给他一些形状不规则的积木，有点像俄罗斯方块游戏，有一些是容易搭建的方块，有一些是提高处理难度的方块。老师该怎么制作呢？可以用透明胶把纸盒粘起来制成积木块，在小班时给孩子提供长方形、正方形的，到了大班就可以提供能够随意组合、改变形状的积木块，甚至可以把易拉罐和小纸盒用透明胶粘成不规则的大块形状。这样增加变化、提高难度，孩子可以通过大块积木的搭建获得更多的经验。

　　很多时候老师会把小的、拼插的材料投放在建构区，这是不对的，建构区应以大的材料为主，小的材料为辅。到了大班，可以把角色模型，如小车、恐龙放进区域，情景也可以通过老师的要求，把完全自由的低结构活动，调整成一个相对高结构的活动，比如可以让孩子搭建幼儿园门口那条路，这样目标性就增强了。但目标性强是有要求的，要以孩子的自主性为主，教师提出要求，而不能完全由老师提出要求。

　　语言区可以看作是孩子吸收信息、应用语言表达的区。小班的活动内容主要是阅读、享受看图书的乐趣。到了大班，可以指导孩子通过阅读图书，去找资料、解决问题。语言区里还有一个表演区，表演的内容核心是让孩子消化学到的东西，再表现表达出自己创作的内容。

　　美工区、建构区、语言区这三个区有一个共同点，即让孩子通过不同手段重新表现、表达自己的想法：通过语言表现表达自己的想法；通过搭积木、空间的建构来表现表达自己的想法；在美工区通过绘画或手工制作来表现表达自己的想法，并在这个过程中学习表现、表达的技巧。这是本末的问题，"本"就是通过这些过程来表现、表达，打造思维的重现、再建构的过程，"末"就是手段，就是有效的技巧，引导孩子去表现、表达。

　　益智区要让孩子在区域里面吸收知识，丰富经验，孩子在运用材料时，可以通过特定设计的材料让孩子得到知识的传递。比如老师通过一堂课教孩子玩数字 5 的分成游戏，然后就可以让孩子在区域里利用游戏学习，达到传递知识的目的。

　　以上就是每个区域材料投放的特点。

三、关于孩子使用区域活动的问题

（一）进区前需要做哪些准备？区域活动后需要做什么？

在教室中准备了活动区域以后，首先要有一个预备周。

准备区域的工作包括做好区域的布局设计、材料投放、情景设计，还要制订进区的规则，进区的规则中最重要的是要让孩子明确进区的人数。控制人数的方法有很多种，如在要脱鞋的区域贴上小脚印标示，有小脚印标示的脱鞋区如果摆满了鞋子，其他小朋友就不能再进这个区域活动了。也可以采用进区卡的形式，每个孩子发一张进区卡，如果这个区只能进三个孩子，就在区域门口贴上三个可以插进门卡的袋子，我们也可以将麦当劳薯条包装盒贴在门口代替口袋。如果三个口袋插满了，其他小朋友就不能再进区活动了。也有一些老师用绳子让孩子挂在脖子上，这种方法我不赞成，因为绳子容易出意外，而且缠在一块也挺难处理的。到了大班可以给孩子们记录卡，每周规定的要去哪些区，这样可以记录他们每周进区的情况。

然后就是预备周，在预备周让孩子熟悉进区的规则，尝试进区活动。如果是小班，就可以分组，让孩子锻炼进区的规则，也可以用一个集体课模拟区域活动的情景。通过一周时间的排练，孩子们熟悉了进区的规则、使用区域的方法，就可以使用区域了。

在使用区域的时候，有几点要注意，进区之前老师一般会在晨谈时告诉孩子区域有什么新要求，或者今天在区域内投放了什么新的材料、该怎么玩，或者今天有什么特别情况要注意。

在区域活动结束时，老师把孩子集中起来，分享在区域活动中孩子们创作的有价值的作品，或者有价值的经验，表扬某某孩子的行为或一些孩子的作品。

（二）如何在课程中有效应用区域？老师在区域中是什么角色？

区域活动是一种工具，能够从多方面和不同的课程结合。但是不要把区域活动变成分科教育，有些老师会把区域活动当作独立的活动，这样做就没有发挥区域活动最大的效果。应该尽量把区域活动和主题或者学科结合起来。

一般来讲，我们会把区域分为两种：一种是自学区，自学区是孩子必须进去完成某些内容的区域；另一种是自选区，孩子可以根据兴趣选择是否要进区活动。自学区可以作为学科教学内容的复习和延伸。例如孩子星期一在集体课上学了数学的内容，然后周二、周三、周四要分批进入区域里进行复习，运用材料区的知识迁移运用效果达到复习的作用；或者是一些社会课的内容，课后通过角色区游戏进行复习。也可以把区域活动作为一个小组活动的地方，比如老师可以坐在益智区里进行数学教学，或者是上手工课。

区域里要有一个老师负责巡逻，这个老师的角色不是直接指导孩子，主要是看孩子需要什么帮助，过去帮一帮就立即回到岗位。就像一个探照灯一样，不断巡回看孩子，看到有需要的就过去帮一帮，帮孩子提供材料，或者做示范给孩子看，再让他自己继续操作。这个老师不应该花很多时间在某一个孩子身上，否则就无法照顾到全部孩子的需要。

假如某一个区是设计用来进行特定教学的，就需要有另外一个老师在里面专门教孩子，利用区域做小组学习。要是老师管理不过来，在应用区域时也可以对区域的使用进行相对灵活的调整，不一定要把所有区域都开放，可以只开放有针对性的、有价值的区域。

（三）孩子不愿意进区活动怎么办？孩子太多、空间又太小怎么办？

碰到一些孩子不喜欢进区活动或不喜欢换区活动，怎么处理呢？首先一定要找出原因，这个孩子可能在某一个区域活动时受了挫折，他不喜欢进去。比如他可能在美工区得到表扬，在建构区受到了挫折，所以就可能倾向于在美工区活动。幼儿园追求的是全面发展，老师可以利用孩子在美工区的能力，引导他去建构区。比如首先引导孩子到建构区绘画建构区中的作品，然后再引导他调整建构区的材料，再进行绘画，慢慢促进他对建构区的兴趣。简单来讲就是找出原因，目的还是希望孩子进入所有的区参与活动，全面发展。

孩子在区里不按规则活动，怎么处理？也是要找出原因，孩子不按规则活动究竟是因为他不懂规则，还是他故意这样做。不懂规则可以通过训练来习得，特殊孩子就要特殊处理。

空间不够或者是班里孩子很多的情况要不要用区域活动？有一些班差不多有五六十个孩子，教室里面都是桌子，没有空间来设计和摆放区域，这样的话需不需要摆区域？我的意见是不管孩子有多少，也要尽量摆区域，只是区域不一定是像传统形式那样用玩具柜隔开一个固定空间。可以采用一些变化，比如说桌子平时是吃饭、上集体课用的，到区域活动的时候，可以通过改变桌子的位置来创造不同的区域，比如给桌子贴上标志来加以区分：这张桌子是美工区，那张桌子是益智区，孩子拿着材料到桌子上玩。也可以利用桌子作为隔断，比如集体课结束之后坐在桌子靠墙的地面，桌子就变成了隔断，地面就是建构区，这样桌子就起到了不同的作用。

第二章
新手老师参考资料和各种素材资源

通过上一章的内容理解了区域活动后，老师需要学习活动室如何规划摆放、每一个区域的环创和材料投放，以及怎样指导孩子在区域中进行游戏。我将在这一章提供一些案例和老师立即可以用起来的素材。

中国有 20 多万所幼儿园，条件资源各不相同。相对来说，空间条件和区域活动是有最密切关系的，在人均空间大的环境中，区域布局创设就容易很多。所以我用一个以前空间条件比较差的班级来举例说明空间规划布局的基本做法，在此基础上，如果空间条件很好，老师就更容易进行规划。

一、班级规划布局案例点评

我直接引用我学生的一个很有代表性的案例给大家学习。说这个案例有代表性，是因为即使那是在一个只有很小的活动室、最多时有 88 个孩子的班上，也可以非常有效地进行区域活动规划：

亲爱的各位老师大家好！我叫张璐璐，是贵州省遵义市红花岗区机关幼儿园的一名一线教师，今晚主要和大家一起分享一下我们幼儿园课改的一些经验，其实也没有什么高深的理论和不得了的事情，就是分享蔡博士来我们园给我们指导的经验交流。因本人水平有限，说得不对和不好的地方还请大家批评指正，多多海涵！在此先谢谢大家了。

大概是在 09 年的时候，我们那时候的班额比现在多，我接的小班有 46 个孩子之多，大班最多的时候有近 90 个孩子，而且睡房和教室是在一起的。每天孩子吃饭前老师就开始搬床，一间间摆好，午睡后又要收起来，堆在教室后面的一个角落，要占去很大的一部分空间，在这样的情况下我们还要开展区域活动，那个难度可想而知。

我们老师都很头疼，直到蔡博士第一次来到我们园以后，启发我们因地制宜用孩子的床作为隔断，做什么叫封闭又开放的区角。那时我们才顿悟，原来床都是可以用来做隔断的，佩服啊！

后来蔡博士第二次来我们园，我们就反馈了孩子多，集体教学活动不是能很好驾驭和把控，而且孩子没有选择，哪怕是孩子此刻并不想参加集体活动，也必须参加，因为没有第二个选择的问题。针对这种情况，蔡博士给我们提出建议：可以进行分组教学，一半的孩子进行集体教学，另一半的孩子就玩区域游戏。这样孩子就可以根据此刻自己的意愿来选择参加什么活动。

我们老师当时就提出了质疑：在一个教室里进行分组教学？（因为没有其他地方可去，我们幼儿园特别小）蔡老师答：是的！我们老师都不相信，连连摇头：不可能！在一个教室里，绝对会相互干扰，孩子们是人啊，怎么可能不走动，不彼此造成干扰呢？蔡老师说："不信我做给你们看！"

第二天，蔡老师就用我们其中的一个班做了试点，把教室里的柜子、桌子等重新规划了一番，前面的部分用来做集体教学，后端的部分用来进行区域活动，当然，在后面进行区域活动的孩子是有另一位老师照看的。接下来蔡老师组织的活动让我们目瞪口呆：参加集体教学的孩子在老师的带领下愉快地进行着数学游戏；而后面活动区域的孩子们则非常有序和安静地进行着区域活动。当然，谈论和交流的声音肯定是有的，不过都能在老师的提示下注意控制音量（或者播放轻音乐，提示孩子互相交流说话的声音不要超过音乐的声音）。

这之后，再把进行集体教学和区域活动的孩子进行交换。这样孩子不仅有了自主选择，老师分组教学也很轻松，因为不需要同时去照顾到那么多孩子了（是不是以前大家集体教学的时候都有这种体会：孩子太多，老师无法照顾到每个孩子的需求，有的孩子可能"吃不饱"，而有的则完全不知道你在讲啥）。

分组活动的好处是什么呢？我的体会是：

1. 减轻老师在集体教学时照顾和指导孩子的负担。

2. 那些原先你看来在集体活动中丝毫不起眼、能力一般的孩子，在分组教学的时候，你会重新去定义对他的评价，因为在以往的集体教学中这类孩子早被班里的那些"尖子生"的光芒遮盖，分组教学让他们得以"重见天日"。说得有些夸张了，但就是这个意思。

3. 有利于区域活动时老师对孩子进行观察，因为孩子少了，对老师的干扰也减少了，而且观察孩子的目的性更明确。

说到这里，肯定有的老师要问，那教室要怎样划分才更有利于分组活动呢？这就是关键的关键了！这一点蔡老师是非常有研究、有见地的，我们都是跟他学的。根据每一间教室的形状、格局和班级孩子的多少，甚至用的是什么样子的区角柜，都有不同的划分方法，这里我就以我们幼儿园的班级来举例：

首先，你需要找到一个教室的中心点，就是老师站在那里就可以对整个班级一览无余的位置。

下面照片中"益智区"3个字的位置就是教室的中心点，以区域柜为隔断的两边和后面的区角老师都可以看到：

然后，中间的柜子，贴有蓝色卡纸，开口向右的两个柜子是美工区，贴在背面的东西以及那个开口向左的柜子是益智区材料，后面左边是"宝贝DIY"，中间是"爱心小屋"，靠窗的是图书区。左面朝前的柜子是开放性区域材料，右边朝前的柜子是桌面小建构区。前两个区域是我们幼儿园的园本课程，在这里就不多介绍了。

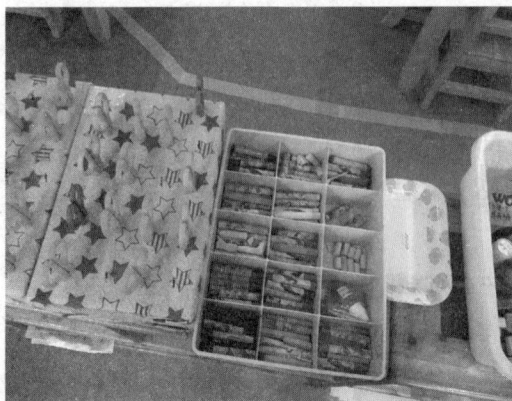

为什么这样划分呢？蔡老师的建议是：柜子在中间，两边的孩子就可以像吃自助餐一样。看见图片中间那个长方形的小盘子了吗？孩子需要什么，就像吃自助餐一样，把需要的东西放在盘子里，比如蜡笔、剪刀什么的，拿到自己的位子上去操作使用。收材料的时候按颜色放好，不会乱。

我们再回到分组教学中来。看，教室被区域柜自然分隔出两部分，首先是**分组教学**，我采用教室中左边的地方来做分组教学（如上面照片所示）。这个时候，屏风的价值就体现出来了，这个也是在我们的教育资源非常有限的情况下，蔡老师给我们想出的好办法！这两张照片展示的都是柜子的左侧区域，我们通过在柜子上立起屏风来做隔断，孩子们在隔开的区域中分组做数学游戏。

在屏风的另一边，另一部分孩子在做区角活动。

　　细心的老师也许已经观察到了，屏风上也是可以做文章的哦，一些活动步骤图、如何系鞋带和学习拉拉链等的示范图都可以利用屏风进行展示。在墙面不够用的情况下把能利用的地方都利用起来，就看老师怎么去划分和有效地组织策划。屏风的高度最好是高过班上最高孩子的头，以减少区域之间的干扰。

　　这样，是不是在一间教室里，分组教学和区域活动能够同时实现了呢？开始觉得不可能的事情，现在自己也可以做到了。还没有尝试过的老师，您也是可以的！其实孩子只要手上有好玩的东西能够吸引他，是会很专注的，自己喜欢的事情还没探索够，哪里有精力去在意别人在干什么呢？

　　接下来是**整班开展区域活动**的照片。这是用屏风隔开的大建构区和益智区：

右侧的照片展示的是在后面屏风隔开的 DIY 区域的小朋友在穿项链和给裙子作亮片装饰。

通过张璐璐老师的案例，你应该可以看到六人桌都是摆一起，放置在靠近老师的位置。为什么我建议要尽量把桌子放一起？第一，我认为中国幼儿园教师工作量最大的事情是安排吃饭，小孩子饭要吃得好。在班里最重要的家具是分饭的桌子，我们基本都是用桶来给每个班级送饭，这桶饭要放在桌子上或者一个固定位置，这个位置在哪里很重要。对老师来说最方便的位置就是尽量靠近门口的地方，所以分饭桌应尽量靠近六张桌子。第二，要看老师的教学活动位置，比如电视、投影、琴的位置，如果电视、琴在这里，这里就是老师工作的主要位置。老师组织进行最主要的教学、集体活动，以及孩子吃饭的区域都在这一块，尽量不动它。一个班里规划得好不好真的不一样，在班里多走两步跟少走两步时间就完全不一样了。布局一旦确定，桌子的位置就尽量固定不要再搬动，谁喜欢抬桌子？我第一次带班的时候，当时用的还是木头床，我作为男士到班里，说："老师们，你们不用动，我来搬。"老师高兴得不得了，结果我抬完一天床回去，腰都快断了。

我的观念是帮老师减少不必要的体力劳动。桌子在这里一摆下去，美工区肯定就在这里，益智区和美工区这两个区域刚好属于安静区，摆放在一起。这两个区确定下来，其他喧闹区如建构区跟益智区和美工区的距离越远越好。

布局确定以后，区跟区之间尽量做到每个区的孩子彼此看不见。孩子可以有很多坐法，比如面对墙壁方向坐、背对背坐，还可以利用屏风，尽量让孩子不互相干扰。假如有条件，教室面积很大，孩子能够分散开是最理想的。可是大部分国内幼儿园的活动室空间最多一百平方米，去掉卫生间可能只有八十多平方米，再放桌椅板凳，孩子活动的区域之间肯定需要设计隔断，这个隔断就叫封闭区。这个封闭区用得好，孩子就互不干扰。

以上就是班级区域布局设计最基础的做法。

二、各种区域环境点评

以下提供一些对区域环境设计的点评，丰富老师的经验，请扫二维码看图。

（扫二维码）这些是最简单实用的封闭区。我们要不要解决摆床的空间问题？要不要解决孩子游戏的空间问题？所以一般的做法是尽量把床跟区域结合在一起用，床横竖是要用的，你别搬来搬去，床就摆在那边，脱了鞋子就能用，睡觉的时候把它擦一擦可以直接用，最多一周把床搬起来清理清理。

明确标识很重要，比如长方形的是放游戏托盘的位置，圆形的是孩子坐下去的屁股位置，这些非常重要，这样一摆下去，小班孩子就乖了，屁股坐在圆点上，托盘放在这儿，面对墙壁玩，鞋子脱在哪里都是配套的，连鞋印的颜色都是配套的，孩子在这个区域坐下来玩，背对背互不干扰。假如教室不大，一定要做屏风，屏风不要用KT板做，KT板太轻，最好是用装平板电视的纸盒。用纸盒折叠做屏风，用透明胶全部包起来防水，这就是你的个人资产，到哪一个班可以晒到哪一个班，做十年老师可以用它十年，我保证这个东西好用。

（扫二维码）这是广东的一所民办幼儿园，什么都没有，只有泡沫垫子，因为有一个家长是开泡沫工厂的，把做了不要的泡沫垫子全部给幼儿园。老师很聪明，什么都用泡沫做，连屏风也用泡沫做。有这个屏风和没有这个屏风，两批孩子的专注性完全不一样。

（扫二维码）这是一个小小的玩具柜，为什么用小玩具柜？便宜嘛，玩具柜其实不用大。但是怎么用玩具柜隔开孩子？竖两条玩具柜，中间搭一块布，两边就挡住了。四个玩具一摆进去，够两个孩子用了，而且这个玩具柜摆下去两边的孩子都能用，布两边还能做手偶游戏活动，孩子又能跑起来，老师又不用搬玩具柜。

（扫二维码）我们在这个班做了一个图书区，孩子没有在里面乖乖看书，喜欢这边搞那边，那边搞这边。其实关键问题还是书的问题，幼儿园没有好书。有时候能力是逼出来的，这个书你没兴趣看，当你没事做的时候也会把它拿起来看看，你的兴趣就来了。就好像你在家里无聊，没事做，有一部电影是你从来不会看的，但是很无聊时也会拿来看看，看着看着觉得也挺好看。这是逼出来的，有的时候不是资源多就好。布局改了之后，还是那几本烂书，孩子却也看得津津有味的，这就是没有选择的结果。还是原来那几本书，翻来翻去，又看到了新东西。这就是封闭，封闭的时候安全性一定要高，不要孩子出事了都不知道，所以在这种情况下老师要经常去关注孩子。

（扫二维码）这是另外一个封闭区，这个幼儿园又要上集体活动，又怕孩子互相干扰。这些玩具柜原来都是靠墙边摆放的，我们把玩具柜在教室中间做成隔断，孩子坐在地面玩区域活动，是不是就看不见外面了？孩子之间的距离远了，也就没有了互相干扰，但是上集体课的时候一样可以上，既能上集体课，又能做到互不干扰。

（扫二维码）这是一位很好的老师，她的家就在幼儿园上面，把家里的沙发、家电搬到区域里给孩子用，她做的一些事情比我设想得更好。老师很多时候是很聪明的，只要引领得好，老师就能想出来很多东西。我觉得这个老师真聪明，我教她做封闭区，她就把区域封闭了起来，但是她说封闭了以后区域里面很压抑，就开了个"窗户"，感觉是不是就不压抑了？你看我们的老师多聪明，老师做了这个"窗户"以后，娃娃家的感觉是不是就完全不一样了？区域里面的细节很规范，刚开始的时候，连杯子放在什么位置都贴了圆点，但不是永远都这样安排，口诀是从封闭到开放。刚开始的时候，这些孩子在家里没有跟别人交往，突然之间来到幼儿园跟三十多人交往，肯定不习惯。所以为什么一开始要封闭呢？就是让孩子感觉到自己只是跟几个孩子交往，封闭其实就是让孩子找回他的最近发展区，循序渐进进行交往，随着孩子的交往发展，慢慢就可以开放了。从封闭到开放，同时配合着经常讲"我们不要影响到别人"，封闭可以慢慢开放，不用有太多顾虑。从有形到无形，有形就是看得见的隔断，无形就是孩子心里知道我不影响别人就是对的。以后没有了这个隔断，孩子心里也知道不要影响别人。我把区域的模式定义为渐进式区域划分，孩子从在家里很少跟人交往，到来到班里逐步丰富跟人交往的经验，从封闭到和很多人交往，再到全班孩子的融合。

（扫二维码）大班孩子在游戏过程中需要的东西比我们想象的多，比如他在建构区可能需要美工区的材料，在建构区也可能需要益智区的东西。所以到了大班，基本是所有材料都放在边上，孩子喜欢拿什么都允许，这样才能满足孩子的需要。而且你必须明白建构区在大班的重要性，大班建构区其实是把所有认知经验都在其中重新组合。建构区是大班非常重要的区域，它已经脱离了益智区中的简单的跟一个东西产生互动的需要，而是通过在建构东西的过程中，不断丰富原来的想法。这时候孩子需要很多其他的东西，所以在班级区域划分里，大班更多的是鼓励孩子，不存在封闭性，孩子之间能够很好地达成意愿。当然这是必须从小、中、大班循序渐进一步步走来的。我管的很多幼儿园都是这样的情况，一到大班，老师真的没事做，在班里闲来闲去。孩子从进园到离园，老师的参与性少之又少，这样等于老师在培养孩子的自主性。

区域划分，从封闭到开放，中间有很多内容需要调整，比如小空间。（扫二维码）很多幼儿园都比较缺少隐私区，小、中班很需要隐私区，小小班更加需要。其实就是拿一个纸皮箱，开一个洞，丢两个枕头进去，孩子喜不喜欢钻进去？喜欢，一钻进去，两个枕头、两个孩子，他们在里面会获得小空间的安全感。特别是小班，非常需要小空间，小空间有安全感。我指导的幼儿园很多都有吊顶，为什么有吊顶？吊顶会让孩子感到压抑，而小空间则会带给孩子安全感，必须先让孩子有安全感，孩子才能更有归属感，所以小空间很重要。

为什么小空间能让孩子很快产生安全感呢？因为孩子在小空间里面能很快产生熟悉感，熟悉感是安全感的基础。熟悉感跟好感是两回事，比如你在单位里经常看到一个同事，你不是太喜欢他，天天见他也熟悉了。如果和这个同事一块去非洲出差，你有两个选择：一是晚上跟你不喜欢但是很熟悉的同事住一个房间；二是跟非洲亲和力很强的黑人住一个房间，你挑哪一个？肯定挑自己熟悉的那个，所以熟悉感带来安全感。熟悉感就是见得多，眼熟了。为什么小空间有安全感？因为在小空间里孩子很快彼此看熟悉了，也就有安全感了。

小班、小小班的孩子，尽量给他们创造小空间，要做吊顶，孩子进去以后觉得很安全，在里面玩，你就不用管他了。反过来，一个大空间，孩子到处走，很烦躁，没有安全感。所以在封闭区的设计中一定要明白小空间的重要性，很多地方都是采用小空间，经常有人说阅读区要很大。其实阅读区不用很大。这个地方如果让我摆，至少四个孩子是没问题的，大的阅读区不但浪费空间，还容易变成"比武区"。这是各种小空间的私

密区照片。（扫二维码）

我去过一个幼儿园，跟老师聊天，这个老师的班里有一个阅读区，五个男孩在里面看两本奥特曼，结果是在里面打起来抢书。老师说"别打了，别打了"，可是一转头孩子们又打起来。我是把阅读区分成两小块，丢两本奥特曼进去。老师问："怎么阅读区弄得这么小？站都站不起来。"我问她一句："为什么要他站起来？"两个孩子肩并肩在里面看书，还想动手打闹吗？站都站不起来，怎么动手？所以空间不一定要大，有的时候小空间有小空间的价值，就像建构区。

在益智区里孩子是跟材料产生互动，在角色游戏区里孩子是跟人产生互动，在建构区里孩子是跟地方产生互动。拼插不叫建构区，只是小玩具拼插区，建构区一定是玩大块积木。调整游戏空间就可以调整建构区的游戏，例如在建构区的地面上贴两块垫子，告诉孩子说："这里是海"，孩子就需要重新思考。建构区最容易产生变化的不是投放材

料，而是改变游戏空间的要求；突然之间多了一条马路、突然之间路窄了、突然之间多了一条河、突然之间多了一条铁路……总之你要变，孩子在建构中就会感受到难度，这样是最容易调整难度的。

我顺便来讲讲益智区，以及在整个区域里面小空间和封闭区的重要性。

（扫二维码）这是厦门第一幼儿园，我们做的区域空间中加了一块纱帐，很简单，其实就是用夹子一夹，有这块纱帐和没这块纱帐效果完全不一样，孩子在纱帐里面很容易建立起安全感。

（扫二维码）这是一家资源比较缺乏的幼儿园，老师用的材料很简单，就是将纸皮包起来，制成"饮水机"和"空调"。虽然简陋，但是非常实用，和高大上的玩具比起来，对孩子来说，游戏效果没多大区别。

（扫二维码）这是厦门一幼，这里展示的都是以前的照片，现在再去看已经完全不一样了。孩子坐在里面，桌子就可以变成隔断，这就是桌子的作用。桌子除了吃饭以外，有的时候是多余的，不知道摆到哪里去。吃饭的时候做饭桌，游戏的时候做隔断。再看屏风，在门口挡着，多一道门和少一道门的感觉也不一样。益智游戏区不用搞太多花样。在角色游戏区，情景很重要，区域的组成元素其实就是材料、情景和游戏的玩伴，门口是其中一个很重要的情景。

（扫二维码）这是广东的一家幼儿园，这个区也是建在床上面，把床结合进去了。

（扫二维码）这些都是所谓封闭区的做法，再给大家看一些更缺乏资源的情况。这是一家很典型的缺乏资源的幼儿园，没有地方也没事，孩子拿着玩具，背对背坐在地上，互不干扰。有的时候小空间会产生小空间的效果，不一定要大的空间，小空间反而对发展孩子的合作性、社会交往会起到很好的作用。

我举这些例子给大家看，主要是想告诉大家尽量在班里把孩子分散开。开始的时候肯定是这样做的：把玩具做好标识，设计好让孩子拿到哪张桌子去玩。前期的铺垫做完以后，跟你班上的孩子说："小朋友，进区了"，小朋友一进区，就天下太平了。所以你首先要学的是在班里怎么摆区域，区域摆好了，训练孩子进区规范之后你就不用管他们了，起码他们手里有活在干，这就是新手老师第一步要学会的。

三、游戏和材料素材资源

材料是什么？材料是孩子进行活动和游戏的工具，简单到一张报纸都可以是材料。但是老师在投放材料时心中必须先要有活动方案，当然这个方案可以是低结构的或者高结构的。例如同样的材料——报纸，老师可以让孩子随意玩报纸（低结构活动），或者是在报纸上圈画认识的字（高结构活动）。所以材料投放的前提是先要有活动，也就是以活动为导向。

我不鼓励老师自制玩具，因为老师很难制作耐用的玩具，很用心制作的玩具很容易就被孩子玩烂了，所以算下来成本非常高，还不如去买现成的玩具来加工。但是我认为老师必须花精力研究如何为孩子准备合适的活动材料。

先普及一下知识，认识玩具、材料、学具和教具的区别。玩具是一个笼统的名词，包括了大部分从市场买回来的东西，从拼图到玩偶，都可以叫“玩具”；材料是老师经过思考、选择、组合而成的各种物品；学具是在材料的基础上增加了具体的发展目标；教具是用来作为教学示范的工具。例如从市场上买回来的一大桶雪花片是玩具；老师给新生每人分 10 片雪花片来玩，这已经算是经过思考的加工材料；老师给年龄大一点的孩子一些对称的样板做参照，用雪花片制作对称作品，这时候雪花片就是学具；老师用雪花片来给孩子示范数学的分成时，雪花片就变成了教具。

在物料选择方面，老师要善于将高、低结构物料混搭使用。有时候用低结构材料比用高结构玩具更有教育价值，例如在娃娃家增加投放橡皮泥作为“食物”材料可以更有效地引发孩子的自主操作。再例如给孩子提供一条橙红色的橡皮泥和一把玩具刀，让孩子通过自身经验想象这是什么，同时尝试各种切割方法。有时候用高、低结构物料来组合区域材料，会带来更多变化，提高游戏的持续性和目标的综合性。例如在建构区增加了橡皮泥（又是橡皮泥，哈哈），孩子玩起来就多了很多变化。只要有想象力，甚至绿化盆栽都可以是区域材料的物料之一。

所以设计材料的基础是先要有活动或者游戏的构思，活动可以是高结构的和低结构的，但整个区域活动应该包含了高结构和低结构的活动。低幼的低结构活动所占比例可以高些，高幼的高结构活动比例可以稍微高些。

最理想的活动是可以持续发展的标准化活动（可参考在第四章讲授的标准化活动的内容），意思是孩子可以按照自己的发展水平，不断调整活动的难度，同样的活动可以玩很长时间。以下是一些这样的标准化活动的例子：

1. “圈字游戏”。孩子两人一组，自行挑选报纸或者杂志（老师准备了大小不等的报纸或者杂志作为材料）。两个孩子选择不同颜色的笔，在自己挑选的报纸或杂志上圈自己认识的字，然后数一下认识几个字。接着两个孩子相互教授自己认识、而对方不会的字。然后加上新认识的字，写下现在某小朋友教导下，总共认识了几个字。活动简单实效，体现自主（选择材料和玩伴）、相互学习、认字和加数。老师还可以进一步将活动发展变化，如让孩子寻找词汇，把含有认识的字的不同词汇圈出来。（感谢遵义红花岗区机关幼儿园提供资料）

2. "绑绳结游戏"。 老师准备了粗细、长短和材质都不同的绳子，让孩子们在栏杆上用绳子绑绳结。游戏过程中孩子能够体验到创造的乐趣，以及各种科学和数学关系（粗细、长短、材质不同的绳子的效果）。如果是两人一组，你绑我解，我绑你解，孩子之间的交往也得到了发展。这项活动没有固定的标准要求，每个孩子都可以在自己的最近发展区得到发展。（感谢厦门第一幼儿园总园提供资料）

3. "折纸游戏"。 老师买一本折纸书或者从网上下载折纸的资料，将折纸的每一个步骤折成一个样板贴在墙上，然后让孩子从书上找到对应的说明，并自己根据说明一步步折出自己的作品，做好后在墙面上展示，这样连环境布置也解决了。过一段时间，孩子理解掌握了平面说明的使用方法后，老师就不需要再折样板了，直接把折纸书交给孩子，让他们从书上自选喜欢折的内容，以后可以逐步投放更复杂的折纸内容。类似的，可以通过任何载体体现循序渐进、从易到难的教育过程（感谢厦门第一幼儿园前埔分园提供资料）。

4. **"美工涂、剪、贴"。**老师用 A4 纸裁出不同大小和形状，让孩子自选喜欢的纸块，在纸块上涂颜色。纸的正反两面可以涂上不同的颜色，甚至画上杂色花纹。能力强的孩子可以多涂几张，能力弱的也起码要涂一张。这样相对于投放一整张 A4 纸给孩子涂色，能够更好地满足不同水平孩子的阶段性成功感。涂完色后，孩子可以自选将涂好色的纸片放到不同的筐里，给其他孩子做进一步加工。不同的筐代表不同的加工任务，有的是剪成长条，有的是剪成碎片，有的是剪成大块。最后孩子用这些材料进行粘贴画创作。这个游戏的过程体现了自主发展，融入了认知形状、颜色、长条、碎片的教学概念，并培养了合作意识。

5. **"翻杂志剪素材"。**老师收集有图片的各种杂志，例如旅游杂志、服装杂志、饮食杂志等，然后按照主题——例如"水果"——让孩子从杂志上找到相关的图片，剪下来作为美工区素材。

通过以上的例子，老师应该可以理解两个道理：

a. 活动方式不需要太多，也没必要经常变化，但形式应该多样化。例如多种拼图活动、绑绳结活动、折纸活动已经是多样化的，这些活动可以延续三年。只要不断微调难度和玩法，没必要经常改换活动方式。

b. 教育目标和教学目标体现在老师设计的规则和点评内容。同样的目标，应该重复体现在各种活动中，这样才体现了"目标相互渗透"的原则。（假如需要更多活动例子，扫描二维码，点击"开始"，直接推送个性化《游戏中学习》的活动。）

学习了以上活动后，同样的活动，只要老师调整活动的结构，就可以体现不同的目标。运用我原创的**"三游教学法"**是最容易的方法。三游教学法是把三种游戏结合在一起，包括了自由游戏、指导游戏和解难游戏。

自由游戏是提供活动材料后让孩子随意玩、自行探索的游戏方式，让孩子完全按照自己的想法去玩。自由游戏的价值是可以让孩子把过去习得的经验和材料进行建构。

指导游戏是由老师提示来指导孩子游戏的方向，例如提供雪花片让孩子自由玩，然后老师发现一个孩子用雪花片拼了一个很高的大厦，老师如果强调了高这个概念，孩子就往高去制作，所以指导游戏可以更精准地导向目标。

解难游戏是让孩子解决新的难题，例如上面的用雪花片拼大厦的游戏，老师提问：谁可以用最少的雪花片拼出最高的大厦？孩子在解决这个难题的过程中需要运用各种经验的组合，所以解难游戏可以培养孩子解决问题的能力。

在区域活动中，这三种游戏都需要。

三游结构游戏例子：

"颜色带的量度游戏"

用卡纸（或比较硬的纸）制成一些纸带。纸带宽 1 厘米，用水彩笔或其他颜色笔给纸带涂上颜色。

玩法：首先让孩子自己随意把各种颜色的纸带拼在一起。不同的拼法会拼出不同的图样，不要给孩子任何提示。当孩子拼完一个图样后，可以引导他仔细观察，并利用拼在一起的颜色带作比较**（自由游戏）**。接着还可以来测量，例如将最长的红色带放在他面前，问："我们要用多少条不同颜色的颜色带拼起来，才跟这条红色带一样长呢？两条棕色的？还是三条紫色的？对了，两条橙色的可以代替一条紫色的……"**（指导游戏）**。将绿色纸带放在紫色纸带旁边，改变提问方式："紫色纸带要加上什么颜色的纸带才会变成绿色纸带这样长？"还可以这样问："我给你 12 条蓝色纸带和 1 条棕色纸带，你要拿走多少条蓝色纸带，剩下的蓝色纸带才和棕色纸带一样长？"**（解难游戏）**（第五章对三游教学法有更详细的解说）

到了中、大班，区域活动可以体现复杂的**混搭材料解难**活动。例如老师准备一些成语卡，孩子抽一张，然后在美工区通过绘画表达出成语的意思。这些跨领域的活动，能够更好地建构孩子的认知经验。老师甚至可以允许孩子去其他班或者幼儿园的其他地方找资源来解决问题。

材料投放千变万化，想了解多一点可以学习我研发的"玩中学绘本游戏课程"

（扫描二维码）。相信可以让你对使用材料、混搭材料脑洞大开。

"玩中学绘本游戏课程"介绍：这个课程模式采用三游教学法，每个孩子有一个课程表，课程表中有很多游戏，中间的关键点是这些游戏不需要顺序，每个孩子可以选自己喜欢的游戏来做，做完以后用贴纸表示做完了。贴不贴也由孩子自己决定，他觉得我完成了就可以贴。孩子全部做完了就有一个奖状，这些都是为了达到孩子的自我心理满足，孩子会觉得我完成了，我成功了。

课程的划分也是比较科学的，其中有一点可以参考，我们采用 2 岁半到 3 岁半、3 岁半到 4 岁半、4 岁半到 5 岁半的分级形式。为什么呢？因为我的经验是，往往半岁是一个转变区间，而不是整岁。孩子在学习中采用的玩具全是标准化的，其实就是七套玩具，这七套玩具可以混搭使用。混搭就是孩子不一定只拿这一套玩具来玩，玩这套玩具的时候可能还会用其他玩具的零件组成一个游戏。如果是以游戏为主导，可以从这七套玩具中拿出东西来组成游戏，这样就变成由游戏主导的课程，而不是由玩具主导的课程，玩具是为游戏服务的。游戏做完以后，从绘本开始讲一个故事，故事里有一个小猪仔历险记，每个环节都会产生一个故事，比如迷宫、锯木头，做完以后，整个课程还可以延续。

我用这个例子是想向大家介绍使用玩具和游戏的另外一种提升方式，就是混搭，不一定在游戏之中只用一种玩具，而是可以将几种玩具混合来用。为什么这样呢？我们将比较容易找到的玩具组合成为一个比较好用的游戏组合。当你们在组织游戏课程时，不要局限在用单一的玩具去组织游戏，而应该考虑使用一套玩具的组合去产生游戏，这就是整个游戏课程的模式。

四、引导孩子的不同技巧

通过这个视频指导老师怎样正确引导低幼孩子。秘诀是要引导孩子，而不要直接指挥孩子。以下是蔡老师亲自引导两个低幼孩子提升游戏内容的案例（扫描二维码看录像）。

2011 年 4 月 6 日蔡老师在某幼儿园巡班时，发现有两个孩子在教室的一旁玩嵌板游戏。可能是由于这个游戏孩子们已经玩过很多次了吧（材料没新鲜感，孩子自己无法找到最近发展区），两个孩子对这款游戏都没有了兴趣，一边发出"啊"的叹息，一边拿着嵌板往母板上敲，显得十分不耐烦。

班主任老师没有注意到这个细节，因为孩子是坐在自己的位置上玩游戏。在蔡老师的提示下，有一位老师过去，想让两个孩子把嵌板混在一起玩，以此提高游戏的难度。这个思路其实是正确的，但是由于其中的小女孩不愿意分享，所以这个设想没能成功实施。

蔡老师走了过去，用一个很缓慢的动作，把嵌板放在了桌面的远处，然后又慢慢地把嵌板翻转过来，让嵌板带彩图的一面朝下。他的这个动作，有效地引导了小男孩的无意注意，小男孩专注地盯着蔡老师的手，他很好奇，因为他不知道蔡老师接下来要做什么。

蔡老师把全部的嵌板慢慢地、一个一个地将带彩色的那一面翻转朝下之后，又把嵌板的母板放在稍远处，然后用手指指母板上的图案，又指指桌上的嵌板（动作都很慢），这样一一对比指过以后，提问："哪一块应该放在这里？指给我看。""是这个吗？""这个对不对？"小男孩这个时候完全领会到了蔡老师的意思，他毫不犹豫地指着其中的一块嵌板，这表明他已经知道对应在母板上的形状，就是他指的这块嵌板。然后蔡老师故意拿错另外一块嵌板，小男孩明确表示不是这个，后来他干脆自己拿起形状正确的嵌板放在母板上。

当这个孩子第一次成功了以后，蔡老师只是兴奋地看着他，笑着发出"啊"的声音，轻轻地说"好"。蔡老师并没有说"哇，你真棒！"来表扬孩子。（请思考一下，我们平时是怎样表扬孩子的呢？不是说孩子是要鼓励的吗？蔡老师鼓励孩子的方法与我们的有什么不同呢？）

蔡老师指着母板上猴子形状的位置，向小女孩提问："哪一个应该放在这里？"等了几十秒钟小女孩都不回答，又问："这个在哪里？"小女孩还是不回答。于是蔡老师调整了策略，转向旁边的小男孩提问，小男孩有主动性，愿意参与，当然他接下来也取得第二次成功。

接下来蔡老师再一次转向小女孩，提问："这个在哪里？""到你了！"并且用手轻轻地拍在小女孩面前，这次成功地把小女孩的主动性引导出来了，小女孩很快找到了相应的嵌板，并放在正确的位置上。

接下来蔡老师在引导的时候，转换为"一人一次"的办法，小男孩的情绪被充分调动起来，他高声说："在这！"对于小男孩取得的第三次成功，蔡老师只是高兴地"啊"一声。

四块嵌板至此已经全部放回母板，蔡老师继续引导道："要不要再来一次啊？好不好？再来一次？"小男孩点头，"嗯"了一声表示同意。

在下一轮的游戏中，蔡老师明显在引导孩子们的规则意识，他提问："你先还是她先？让她先吧？"小男孩没意见，小女孩也愿意参与。接下来小女孩太主动了，老师还要控制一下节奏，说："等一下，老师要问哦，老师还没有问问题呢。""这个，这个在哪里？"小女孩成功地找到嵌板并摆放在相应的位置。蔡老师继续引导规则："到谁了？下面到谁了？"并问小女孩："到他还是到你了？"小女孩用眼神表示认可了玩游戏的顺序。然后老师对小男孩说："到你了，你来找，在哪里？老虎？"小男孩成功以后，蔡老师只是"哈哈"笑几下，并没有使用过多的言语来表扬孩子们。

接下来，两个孩子都有了兴趣，他们嚷着再来一次，蔡老师就顺着他们的意思往下引导。蔡老师说："摆下来。翻过来。"孩子们摆好之后，蔡老师开始引导："谁先来？"小女孩自告奋勇地说："我先来。"这次的游戏规则又有变化了，蔡老师不再提问，小朋友愿意拿起哪块嵌板都可以，摆在相应的位置即可。

不知不觉到第三轮游戏了，小女孩主动提出玩她的嵌板，蔡老师顺着这个意思引导，并且在知悉小女孩表示的意思以后，还要特别通过提问来强化规则："玩童童（女孩）的还是老虎（男孩）的?"小女孩肯定地回答："童童的。"这说明小女孩真的愿意分享了。最后按两个小朋友的意愿，将八块嵌板摆在桌子上，先摆满老虎的母板，再摆满童童的母板。老师协助小朋友确定好规则以后，小朋友就明白了游戏规则的含义，也能够按规则进行游戏了，老师就可以放手让孩子们自己玩了。

总结盘点一：蔡老师在这段视频中运用了蔡氏教育法的哪些初级招式?

同理心原理、重复性回应、冷处理、正确示范法、一人一次。

总结盘点二：蔡老师在这段视频中运用了蔡氏教育法的哪些中级招式?

描述性表扬、情感交流、假设性提问。

总结盘点三：蔡老师在这段视频中运用了蔡氏教育法的哪些高级招式?

带着孩子一起做、让孩子自己去发现。

总结盘点四：蔡老师在这段视频中运用了蔡氏教育法的关于提高思维能力和学习能力的哪些招式?

丰富了直观经验、是一次形象思维的整合过程（图形）。

总结盘点五：教育目标和教育功能。

幼儿教育目标的引领过程体现为循序渐进的阶段性，同龄孩子禀赋不同，发展各异，达到目标过程中的不同阶段都可以认为有了结果。所以说过程比单一的结果重要，目标和方向最重要。

在一次教学活动中要做到的环节（有预设目标才是教育，但这个目标可以是没有具体目标）：

1. 渗透这个年龄孩子需要渗透的教育目标；

2. 巩固已有经验。如，将拼板翻转过来一样能辨认出动物，知道老虎就是老虎，长颈鹿就是长颈鹿；

3. 培养新经验。如，这个游戏到后面出现了"轮流"玩的规则，除了增加游戏的趣味性以外，还有助于提升孩子对社会交往的初步感受；

4. 重复游戏，巩固孩子的新经验，为下一步的经验迁移打下基础。

通过游戏还可以让孩子感受到做事情是有目标性的，是要有计划的，对他们以后处理问题、学习、做事情也有好处。这是一个隐性的目标。

总结盘点六：幼师的基本能力。

1. 在生活及教学中运用规范用语的能力（蔡老师没有使用支配性语言）。

2. 针对不同幼儿的引导性提问能力。变换游戏的玩法和规则并吸引孩子参与游戏。蔡老师的每一个动作、每次提问都是一种引导技巧，在启发孩子"轮流"玩时，是从直接干预到间接提示。直接干预，大家能看到，有问话加动作，下一步就到了通过眼神加问话给予提示，同样十分有效。

3. 通过观察幼儿的行为表现，评价和测量行为意义的能力。通过教育过程体现教育目标的能力。

总结盘点七：老师的五种角色。

老师的五种角色分别是教育者、支持者、关心者、观察者、玩伴。

从这个案例中我们可以分析出，老师首先是玩伴的角色：蔡老师参与到整个游戏的过程中；支持者的角色：在引导小男孩的时候，一人一次，及时鼓励孩子的成功；关心者的角色：对于小女孩，吸引她的参与；观察者的角色：最后当两个小孩子知道下一步该怎么玩的时候，蔡老师就退后抽身成为观察者；教育者的角色不明显，但其实也有的，因为游戏体现的教育目标是教育活动的出发点。能够在五种角色中自由游走，随心变换，是教育的至高境界。

总结盘点八：总体应对策略。

辩证逻辑思维是一种"实用性思维"，具有"变通性"，是思维的一种新的整合，也是分析问题和解决问题的新策略。具体表现为，能意识到现实生活中的各种条件及限制，进而根据问题情景进行具体的和实用的分析和思考。蔡氏教育法就是这种思维的产物。

有些家长会问，我的孩子在家里动不动就爱哭闹，怎么办？那肯定要具体问题具体分析了，没有一成不变的、拿过来就能用的招式。孩子不同，情况不同，所以应对办法就肯定不同。育儿招式光背下来没用的，一定是在实践中见招拆招、活学活用。在不同的情况下使用，对不同的孩子使用，这样教育者的功力才会越来越深厚。

第三章
这些区域活动的管理问题你中枪没？

一、开展区域活动的同时，放不下传统教材化的教学活动

二、区域活动"学科化"，结果是换汤不换药的小学化

三、区域活动"放羊化"，结果是和主题公园没区别

四、其他区域活动的专业和管理问题

第一章和第二章的目的是让新手老师快速掌握区域活动的理念和操作方法，但如果管理层的教育观念有错误，老师是没办法发挥能力的，因为课程是一个整体，不是增加了区域活动就等于提高了教育质量。想让老师充分发挥区域活动的效果，就需要从教育管理进行改革。

我从1990年开始参与中国幼儿园实施区域活动的课程改革，记得当时是协助广州东方红幼儿园和广州幼师附幼等多所幼儿园作为全国首批进行区域活动的实验幼儿园。转眼四分之一个世纪过去了，这28年来，虽然越来越多的幼儿园实施了区域活动，但是很多是变了味的区域活动，不但偏离了区域活动的本意，甚至违反了幼儿教育的基本原则。这些都是由于教育管理观念跟不上造成的。

当然和西方幼儿园对比，中国幼儿园也有它的客观问题，最明显的问题就是孩子多，如果完全照搬西方的区域活动模式也是不现实的。所以我们必须找到适合国内幼儿园的区域活动模式。

首先要找到问题，以下是我经常在幼儿园看到的区域活动的管理问题，对照一下看看你中枪没？在第九章，我会针对这些管理问题，提出改善方案。

一、开展区域活动的同时，放不下传统教材化的教学活动

大部分人打篮球的目的是追求身心健康，参与打羽毛球、踢足球等其他运动也一样，目的是强身健体。但是如果每天篮球、羽毛球、游泳、足球等运动一个接一个地安排，结果就不是强身健体，变成了不断地在学习各种运动的知识和技巧。

同样道理，幼儿园课程安排的最终目的是让孩子获得有效的学习和发展，而不是适应和理解不同课程元素的教育教学方法。国外大部分幼儿园（Preschool）每一年段只安排一种主要的课程，主要的课程安排占了一天的绝大部分时间，例如美国大部分幼儿园只采用区域活动作为主要课程。

中国幼儿园就不一样，喜欢"大杂烩"。几乎大部分幼师每天都要安排集体教学活动，安排孩子参加区域活动，同时还有主题课程，还有户外体育活动，当然不可以没有音乐和美术课程，有些还有什么蒙氏数学之类的内容。我看到过的最严重的情况是，一个三岁孩子居然有 12 种教材！这种安排除了让教师和孩子在不断的转换环节中抓狂，还要增加区域活动教材和自制玩具内容，结果区域活动不但没有"去小学化"，还增加了教师的教学任务！

由于"每一种教材的内容不一样"，这本教材今天教认识苹果，另外一本可能是教如何制作玩具，结果教师和孩子每天都是在教学内容的转换间来回折腾，而不是发展孩子内在的认知概念和素质，就像上文打篮球的例子一样。

以下两种时间表是在幼儿园常见的"小学化"的日常安排，在这种安排下，教师的观念只是把区域活动变成"一节课"，每天赶着跟教材的内容安排完成任务而已。

这种放不下传统教材化教学活动的区域活动安排，不但增加了课程环节，还增加了过渡环节和教师组织孩子的工作，而且其结果是变成了幼儿学习"教材内容"，而不是用活动促进幼儿发展（为学习打篮球而打篮球，不是为了身心健康而打篮球）。所以这种安排不但没有减少"小学化"的成分，反而可能增加了趋向"小学化"的严重性。

正确开展区域活动，首先应该摒弃跟着教材内容进度的观念。严格来说应该不要用市面上的教材，但是由于很多教师已经习惯了使用教材，所以只能一步步慢慢来转变。先要调整观念，教材上的内容只是用来参考，不要有**"按照教材进度"**操作的观念。然后每天的安排以区域活动为主，所谓以区域活动为主就是整个早上大部分时间都是区域活动，没有教学活动。当然教师必须同时学习用区域活动来落实教育教学目标。

我管理的幼儿园小班一天一般是这样安排的：孩子来到幼儿园，吃完早餐就是区域活动直到户外活动。你说这种安排，孩子还会不喜欢来幼儿园吗？相比起孩子第一周来幼儿园吃完早餐就要乖乖地围在老师身边上课的传统安排，你说孩子还喜不喜欢来幼儿园？我的安排更能够充分满足幼儿自主发展的天性。

中小班日常作息时间表

时　间	星期一	星期二	星期三	星期四	星期五
7:00-8:30	入园晨检				
8:30-9:00	早操				
9:00-9:20	饮水、盥洗				
9:20-9:45	科学	语言	计算	健康	美术
9:45-9:55	幼儿游戏（或户外活动）				
10:00-10:20	幼英	卫生教育	语言回想	音乐游戏	幼英律动
10:30-10:45	盥洗（入厕）				
11:00-11:20	自由活动				
11:20-12:00	午　餐				
12:00-13:50	午　睡				
13:50-14:30	起床、盥洗、饮水、点心				
14:45-15:15	识字游戏	音乐游戏	小组活动	语言回想	体育游戏
15:30-16:00	盥洗（整理幼儿衣物）				
16:00-16:30	游戏（动画欣赏、讲故事、桌面玩具）				
16:30-	准　备　离　园				

小太阳幼儿园

（冬季）作 息 时 间（中 班）

入园（晨检）	7: 30------------8: 00
晨间户外活动	8: 00------------8: 30
早　操	8: 30------------9: 00
早　点	9: 00------------9: 20
集体活动（一）	9: 20------------9: 50
集体活动（二）	9: 50------------10: 20
区域活动	10: 20------------11: 00
生活活动	11: 00------------11: 10
午　餐	11: 10------------11: 40
散　步	11: 40------------12: 00
午　睡	12: 00------------14: 00
生活活动	14: 00------------14: 40
午　点	14: 40------------15: 00
集体活动	15: 00------------15: 25
户外活动	15: 25------------16: 00
整　理	16: 00------------16: 10
离园活动	16: 10------------16: 30

我管理的幼儿园家长是四点半左右接孩子离园，所以孩子基本就是这样一直玩到大约四点钟，然后才安排集体活动或者分组活动。这个环节叫作"我们都是小老师"。"小朋友，你们好有本事，你们都是小老师，接下来咱们学一个本领，回去教给你的爸爸妈妈"，这样说跟"小朋友，过来上课"，孩子更喜欢哪一个？肯定是前者。然后老师进行教孩子讲故事、唱儿歌、猜谜语之类的活动，为了满足部分家长的功利性，我们把这些活动学科化，以后才慢慢引导家长。于是讲故事就是语言活动，猜谜语就是智力活动。到家长四点半来接孩子，家长一接了孩子，孩子立即现买现卖，把刚刚老师教的活动教给家长。如果把教学活动放在早上，估计大部分孩子到下课都忘得差不多了。但是现在老师刚刚教完，孩子立即复习（教给家长），而且家长假装不懂，孩子复习的次数多了，自然就能记住了。

如果你在早上教孩子，到下午下课后回到家，家长问孩子"在幼儿园里学了什么？"大部分孩子都忘记得七七八八。所以虽然理论是早上记忆力比较好，但早上记忆力好还不如学完立即去教给别人的记忆效果好，这就是实践出真理。而且这种安排既可以满足教学活动需要，又体现了以区域活动为主的课程安排，也不会走回传统的、被教材牵着鼻子走的老路。

所以管理层在取舍教材和区域活动安排的时候，应该有侧重性。如果主要还是使用教材，就不要让老师花太多精力在制作区域材料上，因为在这种情况下，区域活动只是一个辅助课程元素，能够让孩子感觉到自主游戏性就足够了。反过来，这样也能够促进把教材充分用好。

要用好教材需要具备以下观念：

不一定需要完成全部教材内容，老师可以跳过一些内容；

不一定只教一次，同样的内容甚至环节，可以重复进行直到孩子理解；

宁愿教不完教材内容，都不要让孩子不理解其中一个内容；

不一定要按照一节课的时间来上，可以分组上课，每组十五分钟，不用上课的孩子就进区自主活动。

二、区域活动"学科化"，结果是换汤不换药的小学化

我经常在幼儿园看到老师用区域活动的时间来上课或者完成教材上的教学任务，例如在益智区完成数学教学任务。现在甚至出现很多区域教材，安排孩子按照时间表来进行区域活动的内容。

幼儿期是建立"认知概念"的阶段，小学开始才是进一步运用"认知概念"来建构知识的阶段。要注意的是，西方有些国家是从孩子五岁开始进入到运用认知概念建构知识的阶段，因为五岁孩子的抽象思维开始萌芽。所以低幼和高幼的课程观念还是有所区别的。

什么是"认知概念"？简单说，可以理解为基础的基础知识，也是学习普通知识的基础知识。例如做饭的关键"认知概念"包括火候、食材、油温等。穿衣服配搭的关键"认知概念"包括颜色、款式、面料等。同样的，在学校学习的知识也有关键的"认知概念"，例如需要有基本的数量概念才能理解小学数学的知识。

但是一个"认知概念"是要在各种不同环境中运用后才能被真正掌握。

例如：甲、乙、丙三人跟不同的老师学习做饭，甲的老师要他一步步严格按照老师清晰的指导，很顺利地把一道菜做出来。乙的老师则不一样，每一次需要运用到做饭的关键"认知概念"时候，例如火候、刀工、用油的多少等，都让乙去尝试，结果乙失败了很多次后才成功完成一道菜。丙的老师把菜谱放下然后就丢下丙不管，丙于是自己胡乱去尝试。

三个老师离开后，甲、乙、丙同时要做一道新菜式。你说谁会做得更成功？应该都同意是乙吧。所以只有大量的在不同环境中操作的经验，才能真正掌握"认知概念"。当拥有关键"认知概念"后才可以说是建立起了相关学习的基础。

　　幼儿教育的任务不是学习知识，是让幼儿学会学习，这样在上学后可以更有效地学习。孩子到学校学习新知识就像上面例子中的甲、乙、丙离开老师后自己要做新菜式一样，拥有学习知识的关键"认知概念"的孩子，就会更容易理解在学校被教授的知识。所以在幼儿期拥有更多尝试操作经验的孩子，就会更好地掌握"认知概念"，上学后学习就会更有效。

　　做饭的关键"认知概念"是火候、食材厚薄、调味等，学习知识的关键"认知概念"是什么？根据香港协康会 1995 年出版的《儿童发展手册》，认知概念包括感觉认知、物件概念、空间概念、因果关系概念、颜色概念、形状概念和数学概念。例如：大小的概念、里外的概念、左右的概念，这些都是构成以后学习知识的能力的基础，可是通过教学活动是没办法让幼儿充分理解和掌握这些认知概念的，所以教师必须为幼儿提供相关的操作性直接经验。

　　现在幼儿园教学的问题经常两极化：一极是大量运用教学活动，按照教材进度推进，结果就像上面学厨的例子中甲的老师一样，教甲做很多菜式，可是每一次教都是严格的手把手教，最后孩子没掌握扎实的"认知概念"，故而没有能力很好地去学习新知识；另一极是像丙的老师那样，让幼儿放羊似的胡乱玩。两者都不正确。幼儿教师应该具备让幼儿学习关键"认知概念"的意识，同时能够有效地向幼儿提供建立相关"认知概念"的直接尝试经验。

　　为了让新手教师巩固观念，我要再次强调"概念"不是"知识"，"概念"是"组成知识的元素"。

　　从上述的做饭例子，我们应该可以理解：学习可以通过"直接自我体验"获得，也可以间接通过"他人经验"获得（包括教材、故事、口述等）。在"直接体验"过程中，有专业教师引导掌握关键"认知概念"的幼儿，相比没有该过程的幼儿，掌握"认知概念"的效果会更好。

　　幼儿教育"小学化"的其中一个定义就是"没有为幼儿提供足够的直接体验经验"，过度采用间接经验——例如教师用教材上课——来传递知识。结果孩子就像甲一样，学会做很多道菜，可是要自己尝试做新菜式的时候就不如乙了。

　　我再用玩具来举例说明，我们把孩子的经验当作是玩具零件。如果这些零件是可以拆装的积木，孩子可以把同样的零件运用到不同的作品中，于是同样的经验就可以有多样化的应用。

　　但如果这个玩具是不可以拆装的，孩子只可以玩这个玩具，里面的零件对孩子来说只能有一种意义，于是只有单一的应用经验。经验建构是孩子把各种经验在不同情况下运用的经历，通过"试错过程"获得的经验，以后就能够更好地进行不同的运用（建构）。具备丰富的建构经验的孩子，以后学习理解的能力就会相对更强。

　　所以区域活动中一个观念类的误区是把区域学科化而不是活动化。活动化的意思就是孩子在区域里进行某些有兴趣的活动（Interest Activity），例如进行角色扮演游戏，或者玩建构游戏，然后在活动中分解教育和教学目标。这样就体现了认知概念的多种建构经验。

可是很多幼儿园把区域学科化了，例如设置数学区和科学区等按学科进行分类的区域，于是教师就把学科学习当成了区域活动的主要目的。如果这种情况是偶尔在大班发生还勉强可以接受，如果在低幼班出现这种做法，认知概念就变成了单一经验，可以说是换了名堂的"小学化"。

我用以下美国 Creative Curriculum 区域活动的教师教材说明什么是以活动为导向的区域理念，同时帮助读者理解发生在中国很多幼儿园的区域活动分区的误区（在第九章会再次深入解说）。

Chapter 4: The Teacher's Role
Exploring Content in Interest Areas

	Blocks	Dramatic Play	Toys & Games	Art	Sand & Water
Literacy	Have paper, markers, and tape available for children to make signs for buildings. Hang charts and pictures with words at children's eye level.	Include books and magazines in the house corner. Introduce print (shopping lists, receipts, message writing, etc.).	Talk about colors, shapes, pictures in a lotto game. Provide matching games for visual discrimination.	Invite children to dictate stories to go with their artwork. Share books about famous artists and their work with children.	Add literacy props to the sand table such as letter molds or road signs. Encourage children to describe how the sand and water feel.
Math	Suggest clean-up activities that involve sorting by shape and size. Use language of comparison such as taller, shorter, the same length.	Add telephones, menus, and other items with numbers on them. Participate in play, talking about prices, addresses, and times of day.	Provide collections for sorting, classifying, and graphing. Have children extend patterns with colored cubes, beads, etc.	Use terms of comparison (the piece of yarn is longer than your arm). Provide empty containers of various shapes for creating junk sculptures.	Provide measuring cups, spoons, containers of various sizes. Ask estimation questions ("How many cups will it take to fill the container?").
Science	Talk with children about size, weight, and balance. Encourage children to experiment with momentum using ramps, balls, and marbles.	Introduce props such as a stethoscope or binoculars. Model hygiene skills by washing "babies" or dishes.	Talk about balance and weight as children use table blocks. Sort, classify, and graph nature items such as rocks, leaves, twigs, and shells.	Describe the properties of materials as they interact (wet, dry, gooey, sticky). Use water and brushes for outdoor painting so children can explore evaporation.	Make bubble solution and provide different kinds of bubble-blowing tools. Put out magnifying glasses and sifters so children can examine different kinds of sand.
Social Studies	Include block people who represent a range of jobs and cultures. Display pictures of buildings in the neighborhood.	Include props related to different kinds of jobs. Add multicultural dolls and props such as cooking utensils, foods, and clothing.	Select puzzles and other materials that include diverse backgrounds and jobs. Play board games that require cooperation, following rules, and taking turns.	Include various shades of skin tone paint, crayons, markers, and construction paper. Encourage children to paint and draw what they saw on a field trip.	Invite children to describe roads and tunnels created in sand. Hang pictures of bodies of water (rivers, oceans, lakes, streams) near the water table.
The Arts	Encourage children to build props, such as a bridge for *The Three Billy Goats Gruff* for dramatization. Display artwork posters that include geometric shapes and patterns.	Display children's artwork or posters of artists' work in the dramatic play area decor. Provide props for children to dramatize different roles.	Include materials that have different art elements (pattern or texture matching, color games, etc.). Add building toys that encourage creativity such as Legos, Tinkertoys, etc.	Provide different media for children to explore clay, paint, collage, construction, etc. Invite a local artist to share his or her work.	Create sand sculptures; display photographs of sand sculptures created by artists. Use tools for drawing in wet sand.
Technology	Include ramps, wheels, and pulleys. Take pictures (using digital, instant, or regular cameras) of block structures and display in the area.	Include technology props such as old cameras, computers, keyboards, microphones, etc. Encourage children to explore how tools work—eggbeaters, can openers, etc.	Add toys (gears, marble mazes, etc.) that encourage children to explore how things work. Use a light table to explore transparent shapes.	Include recyclable materials for children to create an invention. Use technological tools for creating items such as a potter's wheel or spin art.	Include props with moving parts at the water table—such as waterwheels, eggbeaters, pump, etc. Use toy dump trucks, loaders, cranes for outdoor sand play.

188

The Creative Curriculum for Pre...

Exploring Content in Interest Areas

Library	Discovery	Music & Movement	Cooking	Computers	Outdoors
Keep an assortment of good children's books on display. Set up a writing area with pens, markers, pencils, paper, stamps, envelopes, etc.	Keep science related books (e.g., insects, plants, seeds, etc.) on hand. Include paper and markers for recording observations.	Write words to a favorite song on a chart. Have children use instruments for the sound effects in stories.	Use pictures and words on recipe cards. Talk about words and letters on the food containers during a cooking activity.	Illustrate and write the steps in using a computer. Use a drawing or simple word processing program to make a book.	Bring colored chalk and other writing materials outside. Have children observe street signs in the neighborhood.
Add number stamps to the writing area. Include books about math concepts: size, number, comparisons, shapes, etc.	Have tools on hand for measuring and graphing. Provide boxes for sorting materials by size, color, and shape.	Play percussion games emphasizing pattern: softer, louder. Use language that describes spatial relationships—under, over, around, through.	Use a timer for cooking. Provide measuring cups and spoons.	Include software that focuses on number concepts, patterning, problem solving, shapes, etc. Use a drawing program to create patterns.	Have children look for patterns in nature. Invite children to make collections on a walk, then sort, classify, and graph the items collected.
Include books about pets, plants, bodies, water, inventions, etc. Provide a variety of objects for experimentation with floating and sinking.	Include pets and plants that children can care for. Include tools such as a magnifying glass and a microscope that children can use to observe the properties of objects.	Set out bottles with different amounts of water so children can investigate the sounds they produce. Use a tape recorder to record children's voices; play them back for children to identify.	Encourage children to taste, smell, touch, listen, and observe at each step of the cooking process. Discuss how heating and freezing changes substances.	Have children observe cause and effect by hitting a key or dragging a mouse. Allow children to observe as you connect computer components.	Take pictures of a tree the children see every day and discuss how it changes during the year. Have children feel their heartbeat after running or exercising.
Include books that reflect diversity of culture and gender. Show children how to use nonfiction books, picture dictionaries, and encyclopedias to find information.	Take nature walks and post the places where collected leaves and flowers were found. Set up a recycling area where children sort paper, glass, and plastic into bins.	Show videotapes reflecting songs and dances of many cultures and languages. Include instruments from different cultures.	Encourage parents to bring in recipes reflecting their cultures. Visit stores that sell foods of different cultures.	Encourage children to work cooperatively on software related to a study topic. Develop rules with the children for using computers and post them in the area.	Take many trips in the neighborhood and talk about what you see. Invite children to make maps of outdoor environments using chalk on concrete.
Talk about art techniques used by illustrators (e.g., torn paper collage by Leo Lionni). Include children's informational books of famous artwork.	Provide kaleidoscopes and prisms and have children draw the designs they see. Use the materials children have collected on nature walks for collages.	Provide a variety of musical instruments to explore. Add scarves, streamers, and costumes to encourage dancing.	Encourage children to be creative while preparing their snacks. Dramatize foods being cooked—a kernel of popcorn being popped; cheese melting.	Include drawing and painting software. Include software that allows children to create musical tunes.	Bring art materials outdoors for creating pictures and sculptures. Provide streamers and scarves for outdoor dance and movement activities.
Set up a listening area with books on tape. Include books about how things work.	Introduce scientific tools and see if children can figure out what they do. Provide clocks, watches, and gears that children can take apart and put together.	Add an electronic keyboard that produces different sounds. Include tape recorders, CD player, headphones, etc.	Cook a recipe in a microwave and a conventional oven and compare cooking times. Examine how different kitchen gadgets work.	Set up a computer area with open-ended software programs for children to use. Add an inexpensive camera to the computer so children can see themselves on the screen.	Point out examples of technology while on a walk in the neighborhood. Provide tools for investigating outdoors such as magnifying glasses, binoculars, periscopes.

Part 1: Curriculum Framework　　　　　　　　　　　　　　　　　　　　　　**189**

　　从上图表格可以看到，横的内容是活动分类：首先是大积木区，就是我们所谓的建构区，他们直接叫大积木区。这里有角色游戏区，有玩具游戏区（Toys and Games），还有美工美术区（Art）、图书区（Library），有发现（Discovery），有水和沙（Sand and Water），有音乐和律动（Music and Movement），有做饭（Cooking），就是我们现在所谓的生活体验区，有电脑区（Computer）。竖的内容是目标分类：语言（Literacy）、数学（Math）、科学（Science）、社会（Social Studies）、美术（The Arts）和科技（Technology）。横竖交界的格就是在某一个活动中实现某一项目标的指导，例如第一格就是在大积木区体现语言目标。

你会看到国外的区域划分跟我们不一样，他们是以游戏、工作、生活来划分。而我们的划分，比如科学区，一旦划分下去老师就会有一个错误的思想，认为孩子进入这个区就是学习科学知识的，其实这是错的，那些在班里搞数学区和科学区的方式很容易就会误导教师进入学科化的思维模式。

这个图表很好地说明了本书导读里面提到的，教师应该在各种活动分类里将认知概念经验呈现给孩子，也就是说同样的认知概念应该在各种活动中体现出来。所以区域活动的分类应该以活动为主，而不是按学科分类，按学科分类容易误导教师在区域里进行学科教学。

所以中国老师要能够区分"学习领域"和"发展领域"这两个名词，虽然都是"领域"，但这两个名词代表了不同意思。"学习领域"是学习活动的分类，"发展领域"可以理解为对孩子发展目标的分类。市场上很多区域活动的教材把两者混淆一起，结果导致把区域活动的发展学科化、单一化了。

于是老师把"学习领域"理解等同为"发展领域"，比如说在科学领域的活动，变成了主要学习科学知识，而没有了全面发展的概念。反过来，又缺乏了科学能力不一定需要通过"科学活动"实现，其他领域的活动，只要通过观察、预测、操作、推理、记录等步骤，都可以实现科学领域发展的概念。

如果把这两个名词明确加以区分，不要用"发展领域"的分类来命名区域活动名称，可能会减少误解，不会导致听到"科学活动"就想到"科学发展"的情况。干脆活动全部采用"××活动"的形式命名，不要出现"学科领域"一类的分类名称。

西方的区域活动基本是将活动或者任务分解成目标。当然，你也可以有其他做法，比如厦门一幼很多年前已经不用旧的分区活动形式了。他们采用的方式是在孩子学习过程中——比如在发现区、认识建构区、工具区——按孩子的学习过程来划分区域。总的来讲，用传统领域活动的形式，很容易进入一个误区，就是很容易在活动中将注意力只投向一个目标。我在1999年写了一本教育课程，其中对传统领域划分带来的误区作了比较清晰的说明，同时提到了应该怎么划分才对。

明白这个道理以后，我的意见是不能做大的调整，因为做大调整很麻烦。我的意见是多加两个字，比如益智活动，就叫益智游戏区，不要把它变成益智区。在益智游戏区，孩子进去是玩益智游戏的，益智游戏和角色游戏的区分就是益智游戏是孩子跟材料产生互动，材料的重要性会带给孩子新的启发；而角色游戏是人和人的交流。所以要懂得游戏的区分，这样划分就把原来走歪了的拨乱反正，不要继续往歪了去走，又不用完全大改。所以，我给大家的建议是在原来的基础上多加两个字——游戏，不要写"益智区"，写"益智游戏区"。你往益智区走，很容易走偏，我多加两个字，变成益智游戏区，你要了解益智游戏的特点和角色游戏的特点，以及它们和建构游戏的区分，这样区分下来,就把走歪的路改正了。

这是一个犯了探索方向走偏的错误的课程,所以搞了五大领域的分类出来,这五大领域的划分方法很容易误导老师走回到"小学化"的老路。小学化就是把活动变成学科,真正的幼儿教育应该是以活动为导向(大班可以有以学科为导向的活动),但在小、中班更多的是通过活动(包括游戏)分解目标,随便一个活动都可以分解为不同的目标,所以区域活动按五大领域去划分是容易造成误导的,教师就容易用五大领域的思路去思考教学内容。当你在设计一个教学活动或者区域设计的时候,必须使用游戏,而不应该像现在这样,思考这个内容是科学活动还是音乐活动,只要这样想就错了。

三、区域活动"放羊化",结果是和主题公园没区别

另外一个区域活动的错误现象就是"放羊化"。这里说的"放羊化"有点复杂,理解起来要费点周折。简单来说,"放羊化"就是教师完全没有预设发展方向,但是教师可以预设"没有具体发展方向"的发展方向。不过要知道,有预设的"没有具体发展方向"和没有预想的"没有发展方向"是两码事。因为单一的活动是不足够说明孩子的发展情况的,需要用孩子在幼儿园(甚至延伸到家庭)的全部活动和生活元素才可以总结出孩子的整体发展情况。而"没有具体发展方向"的低结构活动对孩子的整体性发展是非常重要的,例如玩沙玩水,是消化(迁移和运用)认知经验。所以完全没有预设发展方向的区域活动是"放羊化",但是完全具体高结构发展的区域活动也不一定正确(虽然比起前者,教师有预想,但是有时候好心却做了坏事,后果更严重)。

扫描二维码看录像实例:孩子在马路上游戏的录像。

录像里的孩子在人行道上玩得很开心,也有了一定的能力发展,可是我认为这两姐弟更需要的是品德教育,因为不应该随意拿别人的物品(砖头)来破坏,更不应该随意摘树叶。我想用这个录像来说明,虽然只要是自主游戏,孩子在游戏过程中一定会得到某些发展,可是这些发展对孩子是否有价值就不好说了。就像录像里面的姐弟俩,虽然在他们活动过程中很好地发展了解决问题、数学概念、科学探索等能力,可是对他们来说,可能更需要的是品德教育和有效的语言发展。所以区域活动"放羊化"就是孩子玩得开心,也有一定的发展,可是没有很好体现教师有计划性实现的发展目标,这样就没办法保证孩子的全面健康成长(在第八章我会详细讲解个性化教育的观察记录和评价)。

教师在设计区域活动发展方向的时候,要能够很好地辨别教育目标、学习目标、学习经验(发展经验)、学习内容。同时需要理解高结构和低结构活动带给孩子的不同价值。录像里的两姐弟是在进行没有教师预设目标的自主游戏,游戏内容形式是低结构材料(砖头,没有标准答案的材料),孩子根据之前的经验产生作品(在布上面搭房子的

想法），在游戏过程中经历了把砖头弄小（科学和数学经验），合作、商量和命令（交往经验），美化房子（美术经验），提升了创造力和克服困难的自我形象，强化了可以随意摘树叶和随意拿取别人物品的想法。假如幼儿园教师没有预设发展目标（当然发展目标可以是没有预设具体目标的，重要的事情说三遍），这样和在人行道上随意游戏的孩子、在主题公园玩耍有什么区别？

四、其他区域活动的专业和管理问题

我在幼儿园还看到过很多其他问题，例如鼓励教师自制玩具这种落后的思想。在21 世纪，要求幼儿教师自制玩具绝对是过时的观念。往往是教师花很多时间制作了玩具，然后再花很多时间教孩子怎样玩，结果孩子一下就把玩具玩烂了，然后教师再重新制作玩具。其实这种做法的间接成本非常高！

但是又经常看到老师把买回来的玩具原包装直接交给孩子，这也是不正确的。我认为老师不应该去搞什么自制玩具，但是老师必须用心用好玩具。例如买回来一大桶串珠，那是玩具，这套玩具在给孩子玩之前就必须经过加工，变成材料、学具或者教具。这里说的加工就是教育加工，一大桶串珠，捡多少木珠子出来、放在什么地方、有什么辅材、有什么说明、有什么要求、这些珠子能够产生什么游戏，这些思考和工作就是教育加工。

这些教育加工的工作，玩具供应商是不会做的，也没办法做好。因为每个阶段的孩子的需求都不一样。卖雪花片的供应商就是给你一大桶雪花片，不会告诉你这个雪花片怎么用。从工厂、批发市场买玩具时，记住一定要注意安全验证。我们往往注意到显性的安全问题，没注意到隐性的安全问题，所以要记住，买玩具要注意安全。经常是很多玩具表面没问题，一旦掉到地上，碎片出来了，孩子可能会把碎片塞到鼻子、耳朵里，所以一定要注意玩具安全。宁愿买好一点的，能够历久弥新，不会烂的玩具，保管好一点，好过每年都花钱去买质量差的玩具。

玩具的加工是必须要做的，在我管理的幼儿园，这是教研的主要内容，研究用好玩具怎么玩，怎么对玩具进行教育加工，怎么让玩具衍生出更多的玩法。所以要记住，我们的玩具、材料、游戏，要让孩子延续玩下去，应该是玩到孩子不想收手才对。所以对老师来讲，最考验老师的不是低结构的材料。低结构的材料，一桶撒下去，不会有什么大的问题，最多是玩得不怎么样，这是最低水平。最考验老师的是益智区，你能把益智区的东西让孩子玩得很有兴趣，不断玩下去，不断挑战自己，你的水平才高。

现在有的课堂上用平板电脑在做游戏，甚至有些新派幼儿园全园使用 iPad，进去以后，每个孩子发一台 iPad，这是不对的。孩子不应该去用平板电脑，用平板电脑会对孩子产生很多影响，起码要六岁以后才能用，六岁之前应该是以实物操作为主。

孩子需要的是"游戏"或者"活动"，玩具只是体现"游戏"和"活动"的载体中的一种。但是能够更有效地体现"游戏"和"活动"的是简易材料，例如用一根绳子就可以玩"绳结"游戏，拿一张报纸就可以玩"寻找字宝宝"游戏。在 21 世纪的今天，应该提倡的是幼师自己设计具有游戏导向功能的材料，或者用市场上销售的玩具来进行教育加工，例如把雪花片可以混搭橡皮泥作为"雪花变变变"游戏的材料。

其他区域活动管理方面的问题还有：是否有效处理区域活动和整体课程的关系。

不管是采用传统的区域教学，还是渐进式区域教学，有两件工作必须要做。第一件工作是设计好每天的安排，包括进区的安排。假如除了区域教学还需要用其他教学方法，例如使用教材的教学活动（当然我认为根本没必要，但是有些情况下还是没办法避免），就必须思考这些"其他的"教学活动如何和区域活动相结合。

第二件工作是选择设置哪些区域，以及基本的游戏和材料投放。大部分幼儿园会设置益智区（可延伸为科学区、棋类区）、角色区（或娃娃家，可延伸为表演区及音乐区）、美劳区、建构区（大积木区）、语言区、图书区及小组教学区。但是区域活动不应该被这种模式局限。老师完全可以天马行空，根据孩子的需要来创设区域。这样才可以有效发挥区域活动的宏观价值。

首先说第一件事：设计好每天的活动内容安排。简单地说，只要动静结合，一天之中的环节越少越好（这句话是针对现在幼儿园每天活动内容中太多的环节而说的）。

其中一种安排可以是这样的：

早餐后直接进入区域活动，直到户外活动前才集中孩子，吃点心、喝水和上厕所采用指定时段的自主性管理。只要设计好标识（例如吃点心的碟子旁边有孩子照片），老师就很容易管理。采用这种自主性的安排，可以减少集中孩子的过渡环节，减少时间浪费，也不会打断孩子的自主操作。

区域活动结束后才进入集体集中的活动，例如区域活动的总结、点名等。把点名时间调整到十点之后，其中一个考虑是因为现在部分孩子经常迟到的家庭问题，例如全职妈妈起不来之类，老师没办法改变孩子的家庭情况。如果每天一早上点名，不少孩子都是迟到的，孩子成了"迟到王"，自我形象就会受到影响。把集体活动或者小组活动的时间调整到离园前。这是两餐两点幼儿园的安排，那些三餐两点的幼儿园我是由衷佩服的，感觉整天都在张罗吃饭。

如果还有其他必需不可避免的教学活动，我的建议是能减少的话尽量减少。例如将原来的五节活动减少到一节，否则很难开展以区域活动为主导的课程模式。至于家长，只要前期工作做充分，我认为现在年轻家长的观念是有所改变的，大部分更关心的是孩子开不开心，有没有朋友。对于孩子有没有上教学活动，小、中班的家长不会太在意。

至于进区的安排也有很多做法，各有各的特点。但是老师必须关注孩子选择区域的自主性。要永远牢记，区域活动中最重要的就是体现孩子的自主性。有一位老师，为孩子精心设计了一个区域游戏时间表，规定孩子每天必须按照时间表进行游戏。另一位老师让孩子可以随时自由换区，自由选择游戏，老师认为这样体现了孩子的自主性。很明显，这两位老师都未能掌握区域活动的深层意义。使用区域的安排，隐藏了区域教学的教育价值。区域活动内容的安排能够体现老师给予孩子自主权的适当性，亦体现了老师的目标导向意识。

在安排上，老师也可以以局部开放区域来做早餐后的过渡环节。比如早餐吃得快的孩子没地方去，吃完早餐以后可以选择进入老师指定的几个区域，这时候区域活动的作用是拿来应对过渡环节中间进度比较快的孩子。幼儿园新手老师一定要记住，组织一节活动不难，难的是活动和活动之间的顺利自主过渡，有些孩子快，有些孩子慢一些，怎么去处理？这个难。

所以在这里提供的意见是用局部开放的区域活动来解决。例如拼插材料的活动，谁先吃完饭谁就可以拿玩具来玩，这不就解决了吗？然后等大部分孩子吃完饭再集中晨谈，用每天的晨谈环节来讲清楚进区的任务，比如介绍那些新区域材料如何使用："小朋友，今天区域里面有一个新的游戏，这个新的游戏是这样的……旧的书你们已经看得差不多了，不过老师发现那本书里还有一些秘密，你们没有看到……"引导孩子往那些书去看。晨谈时，老师为区域活动做的前期准备工作很重要。

上面说的是集体进区，此外还有分组进区。分组进区就是把孩子分成两组，一组进行教学活动，另一组进区，然后再交换。进区还有另外一种做法，就是老师进区来进行小组教学活动，比如："今天我们进区游戏，蔡老师今天会在数学区或者益智区跟你们做数学游戏，苹果组现在到数学区……"这样也可以。在区域里面教孩子使用材料，复习怎么进行游戏。

还有一种做法，老师可以利用集体活动带孩子模拟和熟悉进区安排的规则，甚至用来铺垫区域游戏的经验。在教师的引导下把区域活动以集体活动的方式进行，可以更有效地激发孩子进行游戏的兴趣，并产生更有效的教育教学效果（扫二维码观看录像说明

）。当然还有很多其他的变化形式，在第七章会有更多的案例介绍。

区域的应用方式有很多种，根据自己班上的情况来变化。比如如何限定进区人数、自主或不自主，一般我们的指引是这样的，尽量让孩子自主，但区里面的人数有限制，如果场面很乱就减少人数。原则就是从少到多，例如从两个孩子开始，慢慢增加人数。我的经验是，宁愿多设置几个区（可以重复设置同样的区）也要循序渐进地增加进区人数。

限定进区人数以后，孩子之间如果有摩擦，引导他们自己去协调，只要不动手打，老师尽量采用冷处理或者重复回应（在第六章中有相关说明）。老师的协调方式不要用成人化的说教，有的时候这个孩子就是能欺负别人，不讲道理，老师就别管他。针锋相对地处理他也没用的，最好能让这个孩子面对同样的处境，体会到自身的问题，只能这样，安排时要明白这些道理。

　　自主进区是区域活动最重要的环节，让孩子感到有自主性，起码让孩子感觉来到幼儿园可以自选进区。小班基本都是这样，一来到幼儿园，吃完早饭就进区，进了区以后就是户外活动，户外活动回来是餐前活动，餐后回来休息，起来又是进区，离园之前进行集体活动或者小组活动，这样就可以发挥家园同步教学的作用。

　　除了以上介绍的，还有很多问题是由于管理不到位引起的，例如无谓的环境布置要求、为应付检查而摆设化的区域、和其他课程元素分割的区域活动、没有为教师提供相关培训、备课和教研没有配合运用区域活动同步更新等等。

　　所以想充分发挥区域活动的功能和作用，教育管理必须跟上！

第二部分

高级水平

第四章
区域活动对教师工作及课程实施的价值

一、教师组织孩子层面：实现轻松分组组织，促进孩子自律意识的发展

二、孩子能力发展层面：实现教师的教练角色，充分体现孩子在做中学的效果

三、课程质量提升层面：实现发展目标全面化，在各种活动中相互渗透发展目标

习惯了按照教材进行小学化集体活动的教师，对落实区域活动可能会有抗拒感，因为对幼师来说，采用集体性的大课模式是最省事的，每天按照教材内容上课就可以完成任务。可是这种在幼儿园按照教材大课模式进行的教学活动，是导致部分孩子上学后学习困难、缺乏创意、甚至心理出现问题的根源之一。因为幼儿教育需要体现的不是"二手知识"的传递，而是素质教育、能力发展和认知概念的建立，每一个领域都包括了这三方面的元素。例如文明礼貌教育包括了：从内心尊重每一个人（素质），有能力处理别人不文明礼貌的情况（能力），文明礼貌的用语和行为（认知概念）。所以只是采用二手知识传递的教学方式是没办法落实这三个教育范畴的需要的。

另外在幼儿园经常出现的问题是采用粗暴性的高压方式来管理和组织孩子。对老师来说，这是最简单容易的，可是这种方式可能对孩子的心理造成不可磨灭的阴影，还有可能让孩子模仿这种粗暴的人际交往方式，严重来说是妨碍了国家的整体文明发展。所以还在采用这种粗暴化的幼儿管理可以说是现代文明的耻辱。

区域活动不但可以解决二手知识传递和粗暴管理这两个问题，而且基本操作容易掌握，通过很简单的操作过程就可以体现出比过去教材式教学优越的特性。如果再学习更深入的相关专业知识，还能够体现出个性化教育的高层次效果。

一、教师组织孩子层面：实现轻松分组组织，促进孩子自律意识的发展

下面的这种教材内容熟悉吗？估计很多教师都看过这种讲解幼儿管理的教材。可是这种粗暴式训练幼儿纪律的方法是不尊重幼儿自然成长规律、违反幼儿成长天性的，甚至可以说剥夺了幼儿正常的社会发展权利！

课前纪律儿歌

1. 一二三坐坐好，三二一请安静。
2. 我们都是机器人，一不许动，二不许笑，三不许露出大门牙。
3. 小嘴巴——不说话
4. 请把小手放背后——我把小手放背后
5. 请坐好——我坐好

很多老师会误解："常规嘛，让孩子乖乖听话就可以了。"但是大家有没有思考过"听话"这两个字可能对孩子造成的影响？假如只是盲目服从，这样和奴隶有什么区别？大约在 2015 年 10 月，美国《纽约时报》发表了一篇文章，标题是"幼儿园也许比大学重要"，里面的总结语是："或许，高中和大学应该用幼儿园的标准来评价学生——能否和别人玩在一起。"文章说到，社会交往心态和能力代表了个体的素质和能力。

遵守规矩等同于听话、服从命令的传统观念已经过时，我们要知道规矩的产生是自然人朝着文明社会人发展过程产生的必需品。人类的社会发展代表了文明的进步，也是从个体只为自己而活的心态发展到形成集体社会意识的过程，也是个体意识到"让集体更好才是真的好"的发展过程。从更宏观的角度来说，是体现个人选择"集体"身份的一个思考过程（即俗语说的"选好你的队"）。素质越高的人，就越可以接受"地球村"、"国际公民"等高度文明的理念。所以幼师对建立幼儿常规意识的理解，同时也体现了幼师对通过幼儿教育实现社会文明的理解水平。

我们应该希望让下一代的社会意识跟得上世界最优秀的国家，希望我们的孩子长大后不是"想怎么样就怎么样"，也不是只会"乖乖地服从规则"。我们更希望我们的孩子能够理解"常规"后面的意义，希望他不管到什么地方都能够"既有自己的独立思考能力，又有自我约束能力"。懂得选择适合自己的集体，参与制定并遵守该集体的规则，然后通过在集体里对世界的贡献来建立内心的自我正面形象。能够做到这样，孩子以后不管在世界上任何一个环境中都能得到别人的尊重和自我内心的祥和。要达到这种效果，循序渐进地培养社会交往发展经验是有效的方法之一。

　　假如中国幼儿园班里像国外一样只有十来个孩子，估计这种采用粗暴管理模式的教材就不会出现。人少空间多，孩子因为摩擦而产生矛盾、需要教师解决的概率就会大幅减少。于是教师的情绪会好一点，教学的脚步会慢一点，脾气也会好一点，老师不会再催孩子快点、快点，连上厕所都要快点。孩子也可以在循序渐进的环境中建立社会常规发展的意识和能力。

　　现在老师为什么会对孩子急，为什么不给孩子多一点时间？老师会说，你这是站着说话不腰疼，没带过班的来带带看，当你面对三十个孩子、四十个孩子、六十个孩子的时候，你说你能不急吗？而且课程安排的环节又多，教师没办法不要求孩子快，于是简单粗暴的管理方法就流行起来。

　　所以幼儿园的根本问题是空间不足、孩子太多（当然幼师缺乏相关培训也是其中一个问题）。1990年我刚刚来国内指导幼儿园的时候，很震惊地看到有些幼儿园班额居然可以达到88人。当我看着班里密密麻麻的孩子，我认为首先要解决的是这么多孩子的组织问题。班里只有两名教师，怎样才可以组织好这么多孩子呢？

　　我认为区域活动，或者是类似分组自我学习理念的方法是比较好的策略。中国的幼师带班时必须记住：尽量把孩子分成小组来管理和安排。举个最简单的新生入园的例子，我管理幼儿园的新生入园是这样安排的：首先把孩子分成A、B、C三组，A组是自理能力最强的，B组是自理能力差一点的，C组是完全没有自理能力的。然后采用阶梯性进园，能力强的A组提前几天来幼儿园，然后是B组，接下来是C组，这样老师就很好处理了。

　　再举例说明分组组织孩子的安排：户外活动结束后，如果老师把全部孩子同时带进班，场面就很混乱。进班后有多少环节？上厕所、洗手、喝水、擦汗、换衣服，五个环节。三四十个孩子一起进去，挤在一起等着上厕所，场面肯定混乱。如果老师分组安排，例如让"苹果"组、"香蕉"组先在外面跟老师一起收拾东西，"橘子"组跟老师进班里，"橘子"组的孩子差不多搞定上面那些环节后，再进下一组，这样就把瓶颈位置进行了有效缓冲。我指导的老师，就算组织孩子排队的时候都不会让孩子全部排成一队，很多老师在组织孩子排队的时候是三十个孩子排一队，结果又是场面混乱，如果分成三队就容易得多。

　　在中国的幼儿园进行管理，因为孩子多，所以应该采用化整为零的管理策略，不要一下面对那么多孩子。有了区域活动，教师就可以安排部分孩子进行自主区域活动，另一部分孩子进行分组活动。

　　为了让幼师更好地落实这种循序渐进建立自律常规的策略，我借鉴了工商管理（MBA）的组织策略，创造了以**"化整为零，都有活干；根据特点，分组教育"**十六字作为策略的"渐进式区域活动规划法"（只是体现空间上的规划）。"渐进式区域活动规划法"很简单，就是把班级空间划分成小区域空间，划分的原则是"从封闭到开放，从有形到无形"。每个区域里面的人数从一个孩子开始，然后两个孩子的不同组合，然后三个孩子……逐步增加。三五成群，每个区域的人数到最后的大班也就是5～6名孩子。这样就等于在原来有很多孩子的班级里规划出了很多小班级，每一个小班级最多只有5～6名孩子，于是就减少了孩子之间的摩擦，给予孩子相对不受干扰的自然环境，便于他们发展社会交往经验。

扫二维码观看录像：区域封闭和开放的对比例子

规划了小区域后，就需要设计清晰的视觉标识。视觉标识是用来让孩子记得规则和帮孩子建立认知概念的，所以设计视觉标识的原则是使用正面语气的话语，例如"慢慢走"是正面语气，"别乱跑"则是负面语气。还有就是标识要清晰明确，多看相关的案例自然能够理解。（二维码：区域视觉标识）

做完视觉标识后，就要在区域里安排可以让孩子自己忙起来的活动。新手教师设计活动的原则是"一学就会玩，玩完还可以玩"。例如简单到折纸活动，给孩子小纸片（15厘米×15厘米）涂颜色、做撕纸活动都可以，孩子做完一张后自己再取一张去玩。

建立区域环境后，就可以利用区域活动的特点，实现在幼儿园班里这么多孩子的情况下，让每个孩子互不影响、各自忙着自己的活动内容。分组后不要让孩子闲着，对新手幼师的要求是起码要想办法让孩子们忙起来，资深的幼师则要让孩子们有价值地忙起来。国外幼儿园的很多做法是我们现在还做不了的，原因很简单，家长不接受交了学费后孩子在幼儿园做抹桌子等一类杂事。西方很多幼儿园的孩子可以擦窗户、下大雨在户外挖水坑，人家的忙跟我们不一样，人家是体现生活中真实的忙。但是我们起码可以用区域活动让孩子忙起来。

在建立自律常规的目标方面，区域活动还有一个特点，就是能够让孩子感觉到自主性，感觉到自己有选择权，强化了自主意识。这种感觉对孩子成长很重要，做老师的要永远记住，一定要让孩子有这种感觉。这种感觉就是"我可以自己做决定"，因为教育是让孩子真善美，真就是我是主人，我敢做、我敢说。如果孩子在幼儿园受到压抑，什么都要服从老师，这个孩子慢慢就会没有思想、没有自我，还说什么真？所以做老师永远要记得，在教育里面都必须让孩子知道自己拥有自主权、有选择权，这和常规是没矛盾的。孩子有自主权，但不能影响集体，集体规则是凌驾在个人之上的，你可以去参与、去投票、去提出意见，到后来集体同意了另外一个意见，即使你不同意也得全力支持。但是这里有个前提是孩子必须喜欢这个集体，这就是回到根本，为什么一定要让孩子先爱幼儿园，先爱老师，先爱这个班，最后爱集体。爱了集体，才有了常规，有了常规，教师同时给他自主，两边就不会产生影响。现在往往是老师没能建立起孩子的归属感，所以孩子没有建立自律常规，连锁反应就是老师不敢给孩子自主，因为孩子一旦有自主权就放羊了，自主被无原则地无限放大了。

懂了这个道理以后，你要懂得区域活动的优势是可以给孩子自主的感觉，让孩子感觉是自己想做这件事，自己想玩这个游戏，这一点很重要。所以区域活动的选择不能全部采用硬性的必学安排，比如"星期几某某进什么区"那种安排。当然，到了大班阶段，有一部分必学活动是可以使用的。进区有两种选择，一种选择是自主的，自主就是孩子进区后想怎么玩就怎么玩，想进什么区就进什么区，但是有一个规则，这个区里面人满了就不能进了。但是这又会出现一个问题，一开放区域，都往那边冲过去，最喜欢玩那个区的活动，这个问题在哪里？问题就是其他区不好玩，所以老师要增加其他区的趣味性（本书第二部分有更多相关内容）。

最后，孩子建立活动室秩序的过程，体验从没有秩序到形成秩序的过程，孩子自己会有直观的对比，有适应的过程，有易位（各种身份角色，例如照顾与被照顾）的经历，同时亦有参与思考判断。拥有这些经验的孩子才能内化秩序，心理素质会相对成熟，所以这是非常重要的教育过程。

要有效发挥建立活动室秩序过程的教育价值，老师要成为活动室的隐性主体，让孩子成为显性主体。作为隐性主体，老师的角色是有目地为孩子建立合适的、可延续发展的环境，同时引导他们思考，最终让孩子建立自律的意识和习惯（更多有关幼儿自律常规的专业知识，可以阅读作者主编的《幼儿常规建立的道与法》）。

二、孩子能力发展层面：实现教师的教练角色，充分体现孩子在做中学的效果

会游泳和会说怎样游泳是不一样的，会游泳就是真的到水里会游泳，会说怎样游泳就是会告诉你怎样游泳而不一定会游泳。会说怎样游泳的人不一定真的会游泳，就像电视体育节目的评论员一样，点评运动员的时候看起来很专业，但是他可能根本不会游泳。能力就是真的会做、有能力做。要拥有能力就必须实践，光学习书本内容是没有用的。在幼儿教育阶段，能力的发展尤其重要。所以幼师的一个角色应该是"教练"，尽量让孩子多实践，在各种"做中学"中锻炼能力。

游泳要游得好，必须努力锻炼。同样要努力学习掌握游泳的相关知识，例如游泳的物理原理、过去的游泳记录、游泳的技巧等。这两者都需要付出努力，但是成就的方向不一样。前者发展的是实际操作能力，后者是丰富了知识。我问你，对幼儿来说，实际操作能力，例如社交能力、语言能力、数学能力等重要，还是社交相关知识、语言相关知识、数学相关知识重要？从幼儿园到大学的每一个阶段应该是各司其职，从实际操作能力发展到高深的知识道理的教育过程。所以幼儿教育这个阶段应该侧重在发展实际操作能力。

我认为无论是能力习得还是知识的学习都可以分出质和量的侧重性，质代表了理解及运用的水平，量代表了内容的多少。学游泳一定要实践，只有自己不断实践才能理解和运用游泳这项技能（质）。掌握实践能力（质）后再去学习相关知识（量）就相对容易理解。当然有些知识是要先学习，后理解和运用，例如安全教育，自我保护（提醒：侧重性不是绝对性）。

这个道理适用于各种能力的发展，老师没办法把能力传递给孩子，无论是语言能力、社会交往能力、艺术能力、科学能力，老师都只能提供合适的环境让孩子实践，提供适当的引导让孩子在实践中发展能力。因为决定能力强弱的关键元素是实践经验。所以教师在能力传递过程中的角色更像教练。

我估计刘翔的教练跑跨栏的速度不会比刘翔快，但是教练会用有效的方法来引发刘翔的潜能。同样，老师的目标不是把孩子教到像自己一样，应该像刘翔的教练那样，帮助孩子把潜能释放出来。在关键时候（如孩子有需要），老师也要作正确的示范和引导，就好像刘翔教练作示范一样，而判断这个引导切入点的精准性就代表了教练的专业水平。但是肯定是指导锻炼的比重相对做示范和引导的要多很多。

作为教练这个角色，其中一个指导锻炼的规律应该是从易到难。我用本章第一个主题"教师组织孩子层面：实现轻松分组组织，促进孩子自律意识的发展……"的内容来举例说明如何从浅到深设计能力发展环境。有些幼儿园在新学期开始时，会提前安排孩子分批和家人一起到幼儿园适应群体生活。也有些幼儿园采用混龄的策略，这样新的孩子只占了三分之一，班内原来的孩子便能够以正面的能量，加速新来的孩子的发展。对大部分幼儿园来说，区域活动是比较简单的、可以解决这个问题的方法。因为区域活动是可以让教师划分班级空间、让孩子分小组自行活动的课程模式，教师可以根据孩子的能力（最近发展区）设计小社会、小群体，并逐渐从小社会调整至大社会，让孩子在三年的幼儿园过程中逐步建立自律常规。

教师可调整的元素包括孩子的人数及组合、空间的大小及封闭性、材料的配置。调整的方法是从浅到深，即从两个孩子开始，慢慢增加人数；从能力接近的组合，慢慢混龄；从小空间，调整至大空间；从封闭空间，调整至开放空间；从相同的材料，调整为合作性的材料。这样就体现了"从浅到深"、"从易到难"的原则，逐步提高、锻炼孩子的社会交往能力。

幼儿发展领域的阶段要求可以非常专业，就一个语言发展里面的句子结构已经可以细分为十多种不同句子结构的理解和表达。能够在幼儿阶段保证孩子理解和掌握这些不同的句子结构，对孩子上学后理解不同教师和教材的表达方式有很大的帮助。例如"你交作业没？""你到底要不要交作业？""我估计你是不想交作业啦。"这三句督促孩子交作业的话，背后的情感和后果就很不一样。当然，这些精细化的目标在幼儿阶段必须是采用生活和游戏的方式对孩子进行渗透，也就是教练角色的锻炼意识，而不是只采用小学化的教学方式教给孩子。例如在娃娃家创设环境促进复杂的、多元的语言发展就等同健身教练为学员准备不同器材和难度让学员锻炼一样（本书第二部分的内容会讲述如何创设这些环境）。要求新手幼师或者没有经过真正专业培训的幼师立即掌握这些阶段目标是过高的要求，但是也起码要做到把《纲要》和《指南》的目标熟读和灵活运用。

以下是我在幼儿园经常看到的关于促进幼儿能力发展方面的一些问题，大部分问题的原因是教师缺乏教练意识，缺乏让孩子在生活及游戏中锻炼能力的意识。

在语言发展领域经常看到的问题是：

①教师自身没有关注到和孩子在一起时要使用精准和严谨的用语，就像教练没有做好标准动作示范就要学员随便玩健身器材一样，结果孩子的概念词汇和句子结构等语言能力在幼儿园就没有得到很好的锻炼；

②教师在孩子没有使用精准语言表达的情况下就给出反应，就像教练看到学员姿势不正确也没有立即指出，结果也是造成孩子的语言表达没有获得锻炼和发展；

③教师没有基本的语言发展目标意识，例如孩子从会讲和会听普通话，到大胆和有条理地表达比较复杂的事情，然后具备可以在集体中讨论问题、集体解决问题的沟通能力。就像教练没有循序渐进地增加难度，从而发展学员的体能，结果孩子从幼儿园毕业时，语言能力也就停留在小、中班孩子的水平。

在数学能力发展领域经常看到的问题：

①过于依赖通过教学活动来完成目标，没有在操作环节充分满足孩子的直接经验获得需要。就像参加健身运动，学员只听教练讲解和演示几下，然后就没有实际锻炼一样。其实老师只要具备在生活及游戏环节渗透相关目标的意识——例如在拍皮球和点名的时候渗透点数——这个问题就能轻松解决。

②采用过于密集的小阶段目标作为学习的进度安排。例如安排小班数学活动时先学习点数1～3，然后才学习点数1～5。事实上更符合孩子生活和游戏方式的学习，应该是根据孩子的学习心理发展阶段和实际生活或者游戏方式来丰富孩子的经验。例如在小班幼儿的直观思维阶段，只要有实物情景，不一定要按照点数1～3，然后才学习点数1～5的顺序。可以按照实际环境，在某一范围内通过进行非顺序的引导来丰富孩子的经验。

③没有把具体经验和形象思维及抽象符号循序渐进地有机结合。这种是放羊式教育，意思是孩子玩得很开心，也没有太多教学活动，可是老师没有意识到要把孩子的相关游戏经验提升成为有价值的数学概念（这里是讲数学方面，其实其他方面的经验也一样）。

在智力发展领域看到的问题是：

没有在"认知概念"层面进行足够丰富的锻炼。所谓"认知概念"就是认识和学习知识的基础概念，等于练舞蹈要练习的"趴青蛙"、"一字马"。这些认知概念有很多种类，其中包括了空间类的，例如前后左右；包括时间类的，例如快与慢。这些概念是组成知识的主要元素。可是这些概念在不同环境中是有不同意义的，例如上下的概念，可以是大部分人理解的上下，也可以是平面图纸中平面里的上下。幼儿阶段是丰富认知概念的关键期，也决定了以后学习能力的智力元素之一。如果老师没有使孩子的相关经验足够丰富，可能孩子上学后就没办法去很好地理解小学老师讲的抽象性词汇，例如以为老师讲的右上方就一定是抬头右边的右上方，而不理解老师的意思是桌子平面上的右上方。

在音乐艺术领域经常看到的问题是：

这方面经常有两个极端，要么是灌输技能技巧，而漠视孩子艺术天性的弘扬，要么就是把美术发展和美术活动等同放羊的乱画、乱敲打。我认为艺术应该从生活的欣赏和渗透入手，首先是在幼儿园生活中大量渗透美好的音乐和艺术品，体现艺术美化生活的价值，同时引导孩子感受和欣赏这些艺术元素。有了这个基础，在老师的引导下，孩子自然会去分解艺术里的元素（当然和天赋有一定关系），然后重组这些元素。接着，当孩子的技巧不足够表达和表现的时候，就会求助于老师来提供指导。

在社会发展领域经常看到的问题是：

可能中国人本身就是比较内敛的，所以在幼儿园经常看到关于社会发展的问题是教师没有给予孩子足够的情感教育，如感受和接纳自己的情绪、好好表达自己的情绪、学习感受和接受别人的情绪等。要解决这个问题，可能最有效的方法是教师自身可以接纳自己的情绪和学会管理自己的情绪。或者可以用这三个方法来促进相关发展：教师学习和孩子多谈情、少说理，多拥抱、少责备，多聆听、少指挥。另外一个和社会发展有关的问题是教师没有在幼儿期足够重视帮助孩子建立价值观，所谓价值观就是善良、爱心之类。安徒生童话之所以是经典，不是因为它的故事，而是因为里面承载的是价值观。在幼儿期，多讲一些包含价值观的经典故事可能会影响孩子一生。

在健康发展领域经常看到的问题是：

　　幼儿运动量不足是大部分幼儿园都存在的问题，原因是空间不够和教师担心出现安全事故，所以户外活动尽量避免危险性活动。这种心态是可以理解的，但是教师应该多动脑筋去设计一些不需要很多空间、不危险，同时可以增加运动量的活动。例如可以原地跳高，拍打悬挂在空中的、高低不一的物品。另外一个经常发生的问题是孩子感觉统合协调发展不够，简单说就是身体各部分的自主配合活动不够，我特别强调自主活动，因为自主活动时孩子的神经才是在极度放松的自然配合协调状态。除了没有充分体现自主，幼师设计的经常是单一的协调活动，没有丰富身体各部位的协调。例如匍匐前行就是一种对全身协调要求高的活动，各种走平衡活动也可以很好地发展孩子的协调能力。

　　以上这些问题，在传统的以教学活动为主导的课程模式里是很难解决的，因为那种课程模式就等于教练不断讲解和演示，就是不让学员自己去锻炼和实践。所以只有调整到以区域活动为主导（或者类似的让孩子操作）的课程模式，同时教师具备同教练一样的功能，在区域活动中有意识地去丰富孩子的相关实践经验，孩子全面的能力发展才能得以保证。因为区域活动是以活动为导向，同样的音乐活动可以渗透到各种领域的活动目标中；而教学活动是以教学目标（内容）为导向，所以体现的只是活动内容的知识传递。

　　要记得，这些安排离不开教育的基本原则：从浅到深，从易到难。幼儿教师在区域活动中经常犯的两个错误是没有从浅到深、从易到难地为孩子调整锻炼环境，以及没有让孩子在足够丰富的环境中去经历并积累某种经验，也就是说，老师没有教练意识、没有完成教练的基本任务，只是让学员停留在某一个阶段重复练习！例如只在语言区发展语言，而不是在所有区域和生活环节中渗透语言发展的目标。

三、课程质量提升层面：实现发展目标全面化，在各种活动中相互渗透发展目标

实现发展目标全面化，将发展目标在各种活动中相互渗透。经常在教育专业书籍上看到"相互渗透"，"相互渗透"究竟是什么意思呢？如果孩子只有在老师的指导下抬头看上面，低头看下面的环境中理解"上下"的概念，"上下"对孩子来说就是上面和下面的意思。但是如果孩子在棋类游戏的时候用过"上下"的概念，"上"也可以理解为在棋盘的"前面"，例如说棋盘右上角的那只棋子。

只点数过积木块，学过1、2、3等数字的孩子，相比同时在娃娃家学过"一双鞋子"、"一打鸡蛋"的孩子，后者比前者对数字和数量的理解会更全面。我们可以大胆预测，上小学后，后者比前者将能够更好地理解老师的表述。

"相互渗透"的意思就是在各种领域活动中（也可以不是领域的分类活动），相互渗透各种领域的"认知概念"。"上下"、"左右"、"内外"、基本数字等都属于认知概念。

例如音乐领域中的认知概念是节奏，节奏可以体现在体育活动中，可以体现在语言活动中，甚至可以体现在科学活动（大自然的节奏）中。能够在幼儿教育中体现发展目标相互渗透，是帮助孩子建立全面认知概念的关键元素，全面的认知概念发展则决定了以后学习抽象符号的能力。所以能够在活动中体现出这种效果，则是课程质量提升的表现。

不止"认知概念"需要相互渗透，素质类和能力类的目标同样需要相互渗透。例如自我认知就需要有各种不同的活动，才可以让具有不同特点的孩子都可以获得表现的机会。同时可以对比不同孩子的长项，在实际经验中理解各有所长，然后达到心态平和地在集体里的自我意识。

就算是各种自身能力，例如体能的发展也需要在各种活动中相互渗透才可以得到较全面的发展。简单来说，在轻松的环境中跑步和在被坏人追赶的情况下跑步，身体得到的发展是不一样的。所以同样的肢体运动，例如同样的大肌肉运动，在体育课的训练中和在区域活动中，对孩子整体的身体发展的作用是不一样的。

采用传统的以教学活动为主要课程元素的模式是不可能做到"发展目标相互渗透"的，因为这类教学活动大部分是以教学内容作为目标导向，这种模式可能连最基本的"单一能力发展"都不可以保证，更别说"发展目标相互渗透"了。采用区域活动或者类似的活动导向课程模式，起码可以保证"某些能力获得发展"，但是要做到"相互渗透"，教师的教育意识就必须很清晰。

请看本书第36页和第37页上的美国在区域活动方面培训幼师的教材上的图片。

　　美国是怎么实现在活动中相互渗透目标的呢？表格的竖栏是活动分类：大积木、表演游戏、玩具和游戏、艺术、沙和水等等。表格的横栏是发展（学习）目标：语文、数学、科学、社会交往、艺术和科技。横竖交接的格是说明如何实现目标的行动，例如大积木区（等于国内的建构区）和语文目标（国内相应的是语言）交接的格，里面就说明了如何在大积木区实现语文目标的方法。所以老师必须清楚，区域"活动"，顾名思义，是以活动来分类的区域，不应该按学科（例如科学或者数学之类）来分类（大班勉强说得过去），因为采用学科分类，非常容易误导老师将活动内容偏向学科知识的学习，而不是在每种活动区里面体现所有目标的发展。

　　怎么体现目标的发展呢？比如老师希望在积木区体现语言发展，老师只要准备纸张、书签、胶带给孩子制作建筑物的标识，在孩子视平高度悬挂表格和带文字的图画，这样就渗透了语言发展的元素。至于具体到是什么文字、什么句子结构，就需要老师有针对性地来进行活动内容设计。

　　在角色游戏中怎样增加语言发展元素？在娃娃家的房间角落放置书籍和杂志，是不是语言元素就呈现出来了？同样，具体到增加什么书籍和杂志才适合，就需要老师根据孩子的最近发展区来决定。还可以结合社会元素来投放材料，例如班里的超市游戏，老师可以去拿一些真的超市宣传单、减价单来，贴到超市游戏区域，文字和语言的发展元素就呈现出来了，而且是贴近孩子实际生活应用的经验。

　　这个表格介绍了在不同的游戏中渗透各种发展目标的案例，比如刚才说到的在建构区渗透语言目标元素的方法。数学就更简单了，只要在收拾玩具时候，让孩子按形状大小对玩具进行分类，老师使用比较性的指导语言，例如更高、更短、一样长等，语言目标元素就体现出来了。同样一个游戏，老师可以让孩子放羊地玩，当然放羊玩也是能够带来发展的，老师也可以将目标设定为"没有具体目标的低结构类活动"，但是这种有计划性地设定和放羊是两码事！所有孩子是否在游戏里得到发展，关键在于老师，老师是体现教育教学最核心的元素。

　　至于这些目标来自哪里，如何建立，我认为首先需要区别"周期目标"和"侧重目标"。所谓"周期目标"是在一个比较长的周期中需要完成的目标，例如在一个学期或者双月中让孩子学习基本生活自理。周期目标内的顺序性不是特别关键，在小班生活自理的周期目标里，首先掌握穿衣服还是首先学会自己吃饭没有很大关系。周期目标之间的顺序性则相对重要，例如学会了顺序点数，才可以学会间隔点数。顺序点数作为周期目标，先点数1～3还是点数1～5，没有很大关系。可是如果还没有学会顺序点数，就去学习间隔点数就会对学习造成影响。

　　"侧重目标"是在某一个短周期内（例如一周内），在周期目标里相对重要或者是周期目标里没有体现的侧重性目标，需要立即强化。例如幼儿园所在的社区突然出现了人贩子，老师就要立即对孩子进行防拐骗教育。

　　区域活动在实现周期目标方面的措施可以是一个比较长的周期性投放，例如在双周内甚至一个月内实现的措施，中间只做微调。用上文提到的在大积木区体现语言元素的例子，老师可以按照计划投放后不要做大的改动，只做微调，例如逐渐增加区域里面标识上的文字和句子。

我经常对老师强调，必须建立"在同样的区域材料和游戏里产生不同的目标导向"的思维。我从不建议老师经常换材料或者游戏，蒙氏教具一用就是一百多年，经常性地换材料或者游戏只会暴露出老师没有在游戏中设计目标的水平的问题。例如，老师在一段时间内要实现更多的科学目标，没必要无中生有地去做一个科学区，可以在建构游戏里体现更多的科学目标。比如在建构区引导孩子搭一个有跷跷板的游乐场，孩子们就会去研究跷跷板怎么能够平衡起来，是不是科学概念就呈现出来了？

为什么要以活动来分类？因为孩子对动手有兴趣，而且这些活动实现了游戏的全面性，有低结构游戏、有互动性游戏、有专注性游戏、有发散性游戏，游戏覆盖了孩子需要使用到的思维方法。固定了每一个游戏的形式后，孩子再回幼儿园就会很熟悉地去做这些事，然后通过老师的调整，活动就能够往不同的目标去发展。所以没有区域活动实现不了的目标，只有教师不会使用区域活动。

我认为类似区域活动的课程模式，是唯一可以让幼师能够轻松地为孩子提供在各种活动中目标相互渗透的工具。这里有两层意思，首先是各领域目标的实现，例如健康、语言、数学等；另一层意思是同样领域的目标在不同活动中呈现的各种经验，例如在各种各样情况下丰富孩子的社会交往经验。因为学习经验的质量不直接和数量相关，只有在经历过各式各样的环境后才能丰富经验。例如，和各种年龄、背景的人进行交谈的经验，相比和单一对象重复进行交谈，前者会更有效地丰富语言的发展经验。

第五章
更好地掌控区域活动的三种方法

一、建立师幼正向关系的方法
二、铁打的营盘才有自主的孩子："蔡氏渐进式"区域规划法
三、体现玩中学的三游教学法

第一部分是关于区域活动快速上手的基本做法。要更好地掌握区域活动，对一些关键细节就需要有更细致和专业的知识做基础。这一章讲的就是这些专业知识的细节。

一、建立师幼正向关系的方法

不管采用什么课程，教师首先要建立孩子和班级的关系，即孩子对班级的归属感，这类关系中最重要的是师幼的正向关系。建立孩子在这个班里的归属感，让每一个孩子觉得我是一个重要的人，这一点在区域活动中尤其重要，因为区域活动是以孩子自主动机为前提的。只有班级内部关系良好的班里的孩子，才可以体现真我的探索和学习。

很多时候老师在表扬孩子的时候都会说"很棒"、"很好"，其实这种赞扬的方式是错的，要是严格来讲，连给孩子小红花都是错误行为。为什么呢？因为这样是把整个班从以集体为中心变成了以老师为中心。小班上学期勉强可以以老师为中心，但是随着这个班的孩子长大，应该从以老师为中心转变为以集体为中心。判断每一件事对错不是老师说了算，是以做了这件事对集体有没有好处作为判断标准，所以老师带班的过程是一个逐步放手的过程。我们爱孩子体现在哪里呢？爱孩子体现在他们能够独立正确地在班里生活，建立孩子的自律、自觉和自学意识才是我们老师对孩子的爱的体现。

上面提到的表扬孩子时说"很棒"、"很好"、给小红花的方式是错误的，表扬孩子

应该用描述性的语言，把表扬提升到品德的高度，例如"老师看到刚才你很努力、很认真哦，有你这么努力、认真的孩子，我们班真的以你为骄傲"。这样淡化了老师这个裁判的角色，老师只是描述一件事，描述孩子好认真、好努力，孩子就知道认真、努力是好事，所以老师在表扬孩子的时候记住一定要将表扬提升到品德的高度。

教育是什么？不管你是做区域活动，还是做教学活动，最重要就是让孩子喜欢老师、喜欢集体。让每个孩子觉得自己是班里的一分子，"我能参与到这个班的集体里，在这个班集体中是有我的位置的"。不管你是用区域活动，还是其他课程，第一件事是共性的，就是你要让每个孩子（记住，是每一个孩子）都能在班里找到他的归属感，孩子觉得自己是有用的，他在这个班里是有用的人。

要让每个孩子喜欢来到自己的班级，喜欢来到幼儿园，作为老师第一步要做的不是把活动设计好，也不是教孩子，而是让孩子喜欢自己，让孩子喜欢来幼儿园，让孩子敢于尝试。孩子在自己的班里觉得很放松，敢于自主活动，敢于尝试探索，不用在意老师的脸色，不会看到老师很严厉地瞪他，这样孩子才会从自我、自主中建立经验和能力。幼儿教育中，第一步要做的就是让孩子喜欢老师。让孩子喜欢老师的技巧，在小、中、大班是不一样的。

在中国的幼儿园里，幼师面对的孩子横跨了婴幼、幼儿、学前三个年龄段。在美国这是三个专业，3岁以下是婴幼，3岁到5岁是幼儿，5岁到8岁是学前。为什么是三个专业？带过班的都知道，跟这三种年龄的孩子沟通是完全不一样的，所以作为幼儿园老师，要懂得跟不同年龄段的孩子沟通的方法。

对于年龄小的小班，很简单，就是"甜言蜜语，连哄带骗"。记住，千万别凶孩子，凶孩子是最笨的老师才做的。小班孩子，你今天凶了他，他就不喜欢你，他一不喜欢你，在班里就会引起更多的问题，你会更累。

所以秘诀就是如何有效放手，第一步是让孩子喜欢你。对小班孩子怎么甜言蜜语、连哄带骗？这个是有技巧的，带新生的老师记住，千万不要太快地跟孩子亲密、过于主动，一定是让孩子跟你主动，因为你过于主动，孩子就会怕你，会恐惧。让孩子喜欢你，首先必须有熟悉感，有熟悉感才有安全感。熟悉感要怎样建立起来呢？我教你一个O2O的方法：老师在暑假的时候先把自己的照片发给家长，让家长天天给孩子看，然后和孩子说："看，这是老师，你快要见到她了，她好漂亮、好可爱、好温柔的、很会玩的……"孩子看老师的照片看得多了，就会产生熟悉感，而且期待着见老师，见到老师就不会恐惧。

中国幼儿园的班级里孩子人数比国外多，所以老师一定要把准备工作做充分，这样在工作时就没有那么累。看我的书不单只是学我的方法，我是把思维模式教给老师，就是怎么去思考问题。要是我们只是在孩子来园才干活，等于你只有这一小段时间处理这么多孩子的问题。如果提前做好准备，让家长参与做，孩子来了以后就没有那么累。老师要懂得更好地运用家长资源，很多东西要提前准备好。

　　让孩子先熟悉你，熟悉以后，孩子来了，你再对孩子甜言蜜语。第一次交往，记住要和孩子"眉来眼去"，什么叫"眉来眼去"？就是先看看他。人跟人交往首先就是眼神的交流，如果你一上来就说："哎，我是 XX 老师，你是谁呀？"孩子一下子就怕了。如果你先用眼神跟他交流，他会觉得你很好玩，所以跟孩子交往不要太正规，要懂得"眉来眼去"。

　　通过眼神交流了，孩子觉得你好玩、有趣，这个时候可以跟他玩玩游戏。不要急着讲名字，哪有孩子在小区跟其他孩子玩的时候说："你贵姓？叫什么名字？我们一起玩好不好？"没有的。孩子拿起来玩具就和你一起玩，玩得差不多了的时候问叫什么名字，交往起来。所以跟新生交往，不要把自己当作老师来训他，要把自己当作孩子和他一块儿玩，他就听你的，再后面就是让孩子喜欢你。

　　跟孩子交往，一定要表扬，第一个学期是不一样的，早上见到孩子都赞赏："哎呀，这个衣服好漂亮哦，谁买给你的？你穿着像小公主一样。"基本每天新生来到，你都是采用类似的语言，孩子自然喜欢。

　　有的新生刚到幼儿园的时候天天哭，一帮老师围着她："宝贝，别哭，妈妈会来接你的。"老师越说孩子越哭，我说："你走开，我来。""哎呀，小公主哭得很漂亮，我们的小公主一哭就像太阳一样，哭给老师看看吧。"孩子反而不哭了。所以要懂得跟小班孩子进行心理交往，你越让他往东，他就越往西，你越让他往西，他越要往东。如果你想让小、中班的孩子做什么，千万不要露出马脚，一定要"挖坑"，让他自己"跌"进去，他"跌"进去以后，你的工作就轻松了，要懂得幼儿的心理。

　　厦门第一幼儿园有位戚老师的一招很厉害。有个孩子行为很特别，该睡觉的时候不睡，在班里没归属感，戚老师天天在他耳朵边说："哎呀，宝贝，老师好想你呀，老师好爱你呀……"再厉害一点："老师昨天晚上梦到你了……"天天跟孩子甜言蜜语，灌迷汤，两周以后孩子乖乖融入集体。所以千万不要跟小班孩子来硬的、对孩子凶，那简直是没受过专业培训，什么惩罚他、瞪眼睛，这些都是没用的。

　　但孩子到大班之后，有时候老师可能需要严厉，但严厉不等于老师带着情绪面对孩子，更不可以体罚，不可以给孩子贴负面标签。严厉是说态度严厉，对事不对人。到大班的时候，基于某些客观原因，你必须通过严厉的表达让孩子知道这个事真不能做，但是你的表情要变化快。

　　深圳有一家民办幼儿园，班里超收了，三个大班每班都超收了十来个孩子，后来这三个班要变成四个班，于是园长要老师把多出来的孩子组合成为一个新班。要是你是原来班里的老师，是会把最好的孩子拿出来，还是把最调皮的孩子拿出来？当然是最调皮的孩子。结果是把原来三个班上最调皮的三十多个男孩子合并起来成立了这个新班，老师抽"生死签"，抽到签的老师带这个新班。老师已经准备好带上扩音器上班，结果那个班里的孩子不听她的，还发明了一个游戏，这个游戏就是拿桌子来打鼓，六个孩子同时把桌子抬起来，六张桌子同时"砰、砰、砰"。老师带了一个礼拜，搞不定，来找我，我去了，这些孩子要怎么收拾呢？

首先要面无表情，记住，老师的表情就是教育工具，一定要懂得，你的表情要百变。我到那个班上，面无表情，找一个椅子坐在角落，不动。孩子看见进来一个人，没表情，坐下不动，问了几句我没反应就当我不存在，又开始打鼓。我先瞄一下，擒贼先擒王，找出带头的孩子。然后我站起来，面无表情很严厉地环视一圈。看到我严厉的表情，孩子安静下来。你记住，带大班孩子，气场很重要，大班孩子可厉害了，特别会欺负气场不足的新老师，但气场不等于严厉。

然后我把三个带头哄闹的孩子集中起来，瞪着孩子很严厉地说："你们是不是大四班的孩子？想不想留在大四班？"孩子点点头，我立即堆满笑容说："啊！欢迎你们留在大四班！大四班欢迎你们，我们是大四班的，就希望大四班越来越好！你们三个是很有本事的小朋友，我邀请你们做大四班的爱心大使，维护大四班，让大四班越来越好，好不好？""好！"然后我再向班上所有小朋友介绍："现在我们是大四班的小朋友，我们成立了大四班爱心小组，我们要一起让大四班越来越好！"

记住，大班孩子和小班孩子不一样，要不断地对他们强调立场。很多老师在教育孩子的时候立场不清楚，你说你的话，孩子说孩子的话，大家没有共同的立场。所以一定要不断跟孩子讲，我们的立场就是为了这个班更好，老师不断去强调，说的话才有判断依据。要是大家立场不一样，就没有办法说下去。上面的例子中首先强调"我们是为了大四班"，大家立场一致就可以讨论。所以要不断跟孩子提出立场，建立大家做的事都是"希望大四班更好、希望大家更舒服、更开心"的统一标准。然后让这三个孩子负责判断、探讨他们在做的事情是不是会影响这个班？三周后，这个班级的自律气氛就成功建立起来了，孩子们形成了自律的标准和习惯。

让孩子在班里建立归属感、荣誉感，是老师最应该重视的一件事。为什么重视这件事？因为这是动力，要是这个孩子在班里没有归属感，不喜欢这个班，觉得自己不是班里的一分子，就会没有参与班级活动的意愿。没有参与的意愿，他就会搞事，会产生反对心理，甚至会搞破坏。所以我们首先要让他"和谐"，把他和谐进班级来，让所有孩子知道大家的立场是统一的，在这样的和谐环境下，区域活动的自主性才可以有效发挥出来。

刚才说了，对小班孩子，老师必须懂得甜言蜜语、连哄带骗，让孩子很喜欢这个班、很喜欢老师，然后老师说什么都好接受。大班孩子不一样，对大班孩子绝对要讲道理，所以小班老师尽量不要说太多话，更多的是注重打造身教环境，建立孩子的常规意识。大班老师要啰啰唆唆，经常要跟孩子讲道理，但是这些道理的立场必须一致，那就是"我们这样做对这个班更好，可以让大家生活得更开心"。老师和孩子统一立场后，就很容易沟通了。

在这里教大家三句话来建立孩子和班级的正向关系。小班教育孩子的判断原则是："不能伤害别人身体，也不允许别人伤害你的身体。"中班教育孩子："我们不能影响到别人，也不允许别人影响到你。"大班是："只要集体同意了，就算你不同意，也得全力支持。"小、中、大班这三年教育孩子这三句话（三条原则）。这三句话不是要讲一天，而是要经常在不同情况下演绎这三句话，教会孩子融会贯通这三句话，幼年的幼儿教育就值得了，孩子走向社会也能够融入集体。要教孩子做判断的原则，从小让孩子有独立思考能力，不要对孩子施以指手画脚的支配性教育。

老师对孩子的态度是最重要的，这种态度是课程最主要的一部分。孩子今天做了一件事，就算做得不对，这件事究竟是成为他成长的经验，还是成为他人生错误的积累，决定权在于老师的态度。如果今天孩子做错一件事，老师过来跟他讲："宝贝，这件事这样做会好一点……"，孩子就积累了成长的经验。如果老师说："你看你这个还做错，有没有搞错？应该那样做才对啊，真笨"，那么这件事就可能给孩子的人生带来负面的影响。所以老师在没必要的情况下绝对不要对孩子态度严厉、粗暴，老师对孩子要耐心、再耐心。让我们回到原点，因为班上孩子多，所以需要区域活动，让大部分孩子忙起来，孩子自己能忙起来了，教师才有时间对个别孩子耐心、再耐心。

孩子在班里形成了健康的心理，觉得"我有用，我能为这个地方做贡献"，觉得自己真的是有用的人。一个人最终的价值体现就是能为集体做出贡献，自我形象就建立起来了。心理健康是什么？心理健康就是让孩子觉得他自己做的每一件事都是对集体有用的，让他觉得自己是有用的人。这种心理健康是正向关系的产物，也是自主区域活动的核心精神！

二、铁打的营盘才有自主的孩子："蔡氏渐进式"区域规划法

相比欧美幼儿园老师的挥洒自如，感觉国内幼儿园的老师就是忙。我相信中国老师忙的主要原因是：摆脱不了以老师为中心（主体）的角色位置，无论幼儿园采用的是什么课程，教室的主体还是老师。所以，无论有什么事，孩子的反应都是："老师老师……"以老师为主体的特征是事事以老师为主导，规则由老师制定，时间表由老师决定，谁是好孩子该表扬也由老师决定，处理纷争也由老师来裁判。以孩子为主体的特点是孩子主导事情的结果，老师只是配角，只教孩子思考的过程、判断的方法，最终让孩子决定结果。

以老师为主体的教学形式效率高，适合以传递知识为主要目的的教学。但是在幼儿教育中采用以老师为主体的教学形式的话，会严重影响孩子独立思考能力的发展，亦影响了他们主动学习的动机，因为这种方法导致孩子难以积累独立思考判断的经验。亦因为这种方法，孩子长期处于被动学习的状态，同时也影响了老师的专业能力成长，以老师为主体，所以老师非常忙，既无法思考，也没有机会关注从孩子身上学习。反之，

采用以孩子为主体的教学形式则完全改变了这种结果。我国有关部门在 20 世纪 80 年代末引进区域活动的其中一个目的，便是想解决这种以老师为主体的教学形式带来的问题。

理论上，区域教学确实能提高孩子的主体性，因为相比传统的分科集体教学形式，孩子有更多的选择权、支配权，而体现主体性的，正好是这两点。但是要在体现以孩子为主体的同时体现教育效果，这两点的基础必须建立在秩序上，即有序的主体性，不然便是放纵了。所以要有效发挥选择权及支配权的教育效益，老师必须根据幼儿最近发展区，调整给孩子选择权及支配权的尺度。

大部分国内介绍区域教学的教材都是从国外传进来的，国外的区域教学（Play Corners 或 Interest Areas）的空间设计布局和使用安排都是开放性极强的，充分体现了孩子的主体性（参考下图）。所谓开放性极强，就是孩子可随意以视线、语言、肢体和区域内外的孩子进行交流。这种设计在国外是合适的，因为大部分国外的孩子从小的社会及家庭教育便培养了其尊重别人权利的意识，所作所为会尽量不影响别人，所以高度自主的开放式空间对他们是适合的。我国社会和家庭的隐性教育和西方国家还有很大差距，所以同样的方式用在我国的孩子身上结果完全不同，往往会出现严重的相互干扰行

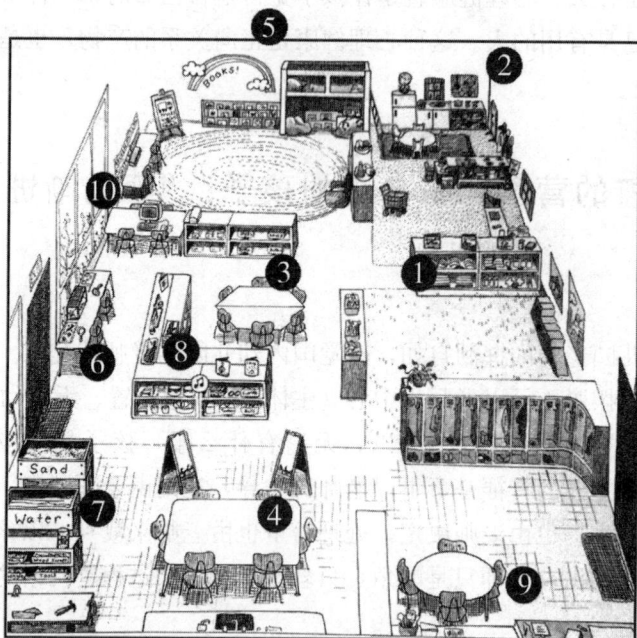

1.Blocks
2.Dramatic Play
3.Toys and Games
4.Art
5.Library
6.Discovery
7.Sand and Water
8.Music and Movement
9.Cooking
10.Computers

为，于是老师不得不参与管理，这样原本以孩子为主体的想法落空了，又回到以老师为主体的模式。当然还有班里孩子多、独生子女、空间不足、环节多等许多问题，所以必须创造一种符合国情的区域空间规划方式。我在 1989 年来国内指导后，就一直在思考这种适合的方式，终于在 2000 年发明了"渐进式区域规划法"，有数百家幼儿园已经运用了多年，效果显著。

渐进式区域的关键词是"渐进"，传统的区域教学模式基本不会调整空间布局，但渐进式则不同。刚开始时，可以是每人一区，然后每一个区域容纳两三个孩子，尽量让孩子在区域里面磨合，体验和别人相处的经验。同时以换位思考法引导孩子扮演各种角色思考问题，教育孩子要考虑到自己的行为会不会影响别人，需要关心别人的感受。

当观察到几个孩子从互相之间不适应发展到能够彼此自然相处，便逐步增加区域的开放性或者增加区域中活动的人数。当区域内有更多的孩子时，孩子的交往经验就会逐步丰富，这也就是"渐进"的意义。于是孩子的交往经验可以循序渐进地获得发展，在最近发展区里进行有效的经验建构。

渐进式区域规划法和传统的区域规划方式的不同之处是，通过渐进式的调整区域环境元素，逐渐提高以孩子为主体性的次序感。这些调整的区域环境元素包括物理环境、时间环境和人物环境：物理环境包括区域的空间布局及材料的数量和种类；时间环境包括使用区域的时间段及时间长短；人物环境包括活动中人物（孩子、老师、家长，甚至社区的资源，例如消防员等）的数量和组合。

我用这两句话来概括渐进式区域规划法：从封闭至开放，从有形至无形。

这两句话的意思是：活动室的空间规划需要根据孩子社会交往能力的水平，调整区域的开放性，调整的方式是从封闭逐步变成开放，封闭的方式从有形的物品间隔逐步变成无形的心理素质。

例如，如果孩子的社会交往能力偏低，便调低区域的开放性，用玩具柜或屏风把区域和外界隔开。随着孩子社会交往经验逐渐丰富，逐步调高区域的开放性。隔绝分为三个水平：声音、视线、肢体。开放性最低的是全隔绝，稍高的是只做肢体隔绝，最高的是完全让孩子自主，只要不影响别人，孩子可以在任何地方进行任何游戏。例如孩子在建构区完成作品后，可以到美工区邀请好朋友为他把作品画下来。

下面我用几个较极端的例子让大家理解封闭空间和开放空间的区别。

极度封闭的区域：孩子单独在小空间内进行活动，这个小空间只能容纳一个孩子，还有低天花板，孩子只能爬着进去、坐着玩，并且看不到外面的情况。例如一个开了门窗的大纸箱。

中度封闭的区域：区域内有 2~3 名孩子活动，但区域只有一个很窄的进出口，其他位置都被玩具柜或屏风阻隔，看不到外面的情况。

低度封闭的区域：允许区域和区域之间有视线交流，孩子亦可以自由进出区域。

高度开放的区域：只要不影响其他人，基本允许孩子在任何空间进行任何活动。

以上的只是其中一些例子，所谓"封闭"还有许多"度"是可以调整的。

渐进式规划效果的评价方法有两项，一个是评价孩子有序的主体性。老师完全不管孩子，让孩子充分自主。半个小时过去后，如果老师不在的情况下孩子还能有序地进行活动，这个阶段便可再提高，即可以继续提高区域的开放性。另一个评价项目是孩子在区域的发展是否有效及有价值。老师通过孩子的发展目标作比较，并根据结果调整区域的环境（游戏和材料）。

区域的调整过程可以以小班刚入园为例来进行说明。小班刚入园时，一定是往封闭度高的方向调整。我尝试过最容易的做法是：第一周，让孩子排成一行，面对墙壁坐着，玩同样的玩具。玩具必须是低结构的，例如拼插类的，而且数量别太多。相比在家里一个人玩，现在旁边有另一个小朋友在玩同一种玩具，这样就在最近发展区踏出了一小步。第二周，每个孩子和另一个孩子面对面坐着玩同样的玩具，但距离稍远，避免肢体接触，这样又踏出一小步。第三周，两个孩子的玩具放在同一个筐里，筐放在两个孩子之间，共享玩具。过了一个月之后，可以开始设置两至三人的小区域。

三、体现玩中学的三游教学法

课程改革中的一个难点是要让老师能够走出环节的局限，更灵活地利用孩子学习的过程来安排一天或一周的环节结构。我在几所幼儿园进行了实验，实验中最困难的部分是设计教案结构，首先是设定要通过教学结构达到的目的，然后是根据目的设计教学结构的经验，最后研究出了这个"三游教学法"。

我把教学过程看作是调整给受教者的刺激，这些刺激包括了物质环境、伙伴环境以及解决问题环境，同时设计三种游戏作为解决问题的情景。

自由游戏：自设问题环境，在老师预设的环境内，由孩子自由支配进行游戏，无论是游戏规则还是游戏方式都由孩子决定（目的：主动探索，新旧经验的建构，勇于尝试，创造性思维）。

指导游戏：提问环境，老师在旁边指导的游戏，一般是有标准性的问题和答案的问答式游戏。要能够体现"游戏"的特点，老师应该采用引导技巧，不要直接告诉孩子答案。要是孩子不会按照要求去做，老师可以进行示范，但示范前要让孩子猜一下结果，之后再让孩子尝试。亦可以通过各种提问和暗示让孩子找出答案，孩子实在无法继续的话，还可以用二选一的方式，务求答案来自孩子（目的：预测及推理的思维技巧，传递有价值的经验和知识给孩子，引导孩子学会归纳经验）。

解难游戏：两难环境，解决难题的游戏，老师会提出难题让孩子解决，和指导游戏不一样的是，这个游戏没有标准答案，每个问题可以有多种答案（目的：学习其他孩子的技巧，认知迁移，培养动手解决问题的能力）。

作品欣赏：最关键的环节，发展语言、记忆、欣赏等方向，也是老师为孩子整合经验的环节。

教案结构以这种形式组成，但在执行时，这些游戏可以采取独立进行、连续进行或分割进行的形式，老师可以根据生活环节特点决定最"有效"的结构组合，这样便可以更灵活地利用孩子学习的过程来安排一天或一周的环节结构。由于这种思维模式既包括了从前以一节课作为教学阶段的思维，又允许老师有更多的自由组合，老师可以设计更有效的教育安排，从而为孩子提供更有效的学习经验积累环境。例如从前一节课的过程，现在可以在餐后活动安排自由游戏，在教学环节进行指导游戏，在区域活动进行解难游戏，也可以像从前一样，在一节课的活动中把教案要求的目标完成。

当然"学习经验"不只是教案结构，还包含更深层的意义。但是三游结构为老师提供了更多教育组合的选择性，而标准玩教具配置及教案结构标准化能让老师有更多的时间思考及设计更深层的学习经验。老师在这个过程中不但能利用群体的资源，而且能够学习其他老师的思维模式，可以说这个过程是在工作中获得专业成长的高效途径。

要发挥"玩中学"的效果，选择设置哪些区域以及选择基本的游戏和材料投放很重要。上一章说过，区域活动可以体现各种显性和隐性的价值，例如能够帮助老师更好地分组组织孩子，帮助孩子更好地体验自主探索经验，所以开设区域前应该明确该阶段区域活动的主要作用，不要盲目地照搬别人的做法。

毕竟每个班级的情况不一样，就算是同一个班，每个阶段也不一样。例如小班新生入园第一个月，区域的功能应该更多地让孩子产生安全感和归属感，以及初步建立常规。等到小班孩子的常规稳定后，区域活动的价值重点才是教育教学。

我看到有些老师为了任务开设很多不同种类的区域，结果这些区域不但没有发挥好阶段性的价值，还增加了教师无意义的工作量，也给孩子增加了没必要的活动环节。

决定开展哪些区域活动取决于这几个元素：孩子自主常规的水平、老师的专业能力、活动室的空间面积、班级里孩子的人数等。

究竟可以有什么区域？其实只要是活动就可以作为区域内容，不一定局限于所谓的领域划分方式。假如条件允许，甚至可以在活动室里设置孩子都喜欢的"玩水区"和"玩沙区"，其实就是找一个合适的地方，放一盘沙或者一盘水，长方形的盘子比较合适，因为长方形比较容易产生上下左右的认知概念。老师也可以设计让孩子稳定情绪的"私密区"，甚至满足想妈妈的新生需要的"找妈妈区"。我还做过"颜值区"，其实就是一面全身高的镜子，让孩子装扮自己。这个镜子不要放在卫生间，最好放在外面，比如放在角色区，有一块大镜子真的好。我小时候老师经常强调最重要的是内在美，外表丑一点无所谓，现在这个世界不一样了，颜值可算是成功元素之一。所以让孩子从小关注外观（当然不应该过分）是有一定需要的。孩子还可以通过镜子练习空间感，小班孩子还可以利用镜子学习建立自我形象。在班里放的镜子要有选择，有钱就放钢化玻璃材质的，打不碎的，或者是买块玻璃，在上面贴一层保护膜，让它不会碎，再不行就买有机玻璃的。

在区域设计和游戏投放方面，老师的观念是要设计一个让孩子自己不断地忙、有效自学并调整学习进度的环境，这样老师就可以腾出时间和精力慢慢观察了。所以区域材料非常关键，为什么经常有些孩子在区域里玩两下就去找老师，说"玩完了"？或者孩子玩区域活动的材料像走马灯一样，这个材料来玩一下，玩不到五分钟又换一个材料，这说明什么？这说明老师提供的材料有问题。为什么老师提供的材料有问题？就是这些材料没有游戏的阶段性目标。

老师要明白材料和游戏是两个概念，老师在心里要有游戏的概念，材料是一种体现游戏内容的载体，例如投放了拼图玩具，孩子不一定是在进行拼图游戏。刚刚投放了拼图，孩子刚好懂得玩拼图，于是开始玩。老师不去指导，孩子也会去玩这个游戏。当这个游戏不好玩的时候，老师就必须在两个拼图基础之上增加调整元素，然后孩子会玩调整后的新的拼图游戏。所以老师一定要懂得在投放材料时游戏的观念永远更优先，材料体现游戏的实施过程，这是很重要的。

投放游戏的时候，怎样用最简单的游戏来实现不用老师进行太多指导，就可以让孩子玩起来？老师就要懂得低结构游戏和高结构游戏的划分。什么叫低结构游戏？玩沙、玩水都是低结构游戏，孩子想怎么玩都可以，低结构游戏是最容易让孩子自主玩起来的。拼插也算低结构游戏，低结构游戏的作用就是让孩子把原来的经验投射在游戏中，并产生想象、再建构，等于孩子在玩沙或者是拼图拼插的时候，把过去学过的东西在游戏里重新体现。

全是低结构游戏肯定省事了，但孩子没有学到新东西，所以就需要有一些高结构的游戏，让孩子在游戏中学到东西。比如拼图，拼图有要求、有目标，孩子必须按照目标完成，这就叫高结构游戏。低结构游戏能够让老师减轻工作负担，很容易投放，高结构游戏有难度，有时候孩子需要老师的辅助，所以投放游戏时肯定是高低结构要有一定的比例。这个比例是多少不好说，一般来讲，新生入园时肯定是投放低结构游戏，孩子能玩起来，然后逐步提高高结构游戏的比例，也不能全部使用高结构游戏，低结构游戏是消化知识的途径，所以低结构游戏到后面还是要占有一定的比例。

最后再强调一下，区域活动的一个要点就是体现孩子能够自选游戏。有些老师把区域游戏设计成孩子必须按照老师的安排选择游戏，这是不正确的。可以设计一定比例的让孩子一定要完成的内容，但不能全部都要孩子一定完成，因为这样就没有体现区域游戏最主要的价值——孩子能够自选游戏。孩子觉得在这里能够选择自己的游戏，这种自主的感觉是认真、专注甚至创新的基础。

我根据过去的经验总结了开展区域活动前的准备工作的五条法则：

1. 要分析孩子入幼儿园前的社会发展经验，再根据渐进式的法则"从封闭到开放，从有形到无形"设计区域的封闭性。意思是从实物的封闭开始，随着孩子社会能力的发展，调整至实物的开放，因为这时孩子已经懂得不影响别人，在心里形成了尊重别人权利的无形隔断。

2. 掌握空间的时间。在安排上要有效运用区域的功能，即活动中的人均空间要能够充分利用室内的空间资源。

3. 不要被区域名称局限。教师永远要根据目标决定孩子的学习经验。

4. 区域活动时，教师应该像探照灯，不断巡逻扫描，孩子有需要时才过去以玩伴的角色给予引导，尽量用最短的时间处理问题，之后回到岗位继续观察、记录孩子的情况。

5. 下班前，教师必须根据观察记录调整相关区域及材料。及时把材料恢复到完美状态是区域活动最基本的工作要求。在孩子离园后，我要求我的老师一定要把班级恢复到完美状态。什么叫完美状态？不能看到穿好的珠子放在一筐材料里面，作品是作品，材料是材料，孩子穿满了以后又丢到材料里，这样是不行的。要么就是作品，要么把它拆了，板归板、线归线，这是区域里最基本的要求（当然可以安排孩子来做）。

如果是作品，就拿来做作品展示；要是这个是不用的，就把它拆开变回材料。材料不能一堆一堆的，我经常看到在美工区堆放了特别多的纸，下面的永远都动不了；拼插材料也是一大筐，下面的都用不到。而且筐里材料堆得太满，不方便拿取，只要装七八分满，这是标准。这些筐放在什么位置、贴什么标签，这些肯定是要有要求的，小班用照片，中、大班用符号或者代表性的元素做标签，孩子看明白了才能取拿有序。

第六章
提升区域活动性价比的秘诀

一、游戏设计和投放**标准化**
二、游戏材料取放**自助式**
三、教育教学目标**整合化**
四、教育教学内容**延续性**

就像上文所说，区域活动的设计千变万化，从最基本的在区域中投放低结构材料让孩子自主玩起来，发挥促进孩子自主、解放老师的价值，到把区域活动整合教学主题内容和任务成为区域的内容，发挥提升课程效率的价值，其间还有很多做法。只要没有偏离区域活动最基本的原则：孩子自主有序地游戏、老师轻松地观察引导，老师就可以根据自己的想法和经验做不同的尝试。

例如可以尝试设计一些新的区域活动，关键是"活动"，不要变成学科学习（第七章有更多相关解说）；老师也可以尝试把教学活动和区域活动关联起来，这样可以避免重复备课，孩子学习也更有效。还有很多新的做法，只有想不到，没有做不到。

在过去几十年的实践中，我也归纳出一些区域活动的做法，这一章就来和大家分享我的这些经验。我将这些经验归纳为四点：标准化、整合式、延续性、自助式。在这里强调一下，这些经验并不是唯一可行的做法，只是想让老师知道，区域活动可以有很多种安排，鼓励大家在基本原则的基础上尝试创新。

一、游戏设计和投放标准化

所谓游戏标准化，就是设计一些对孩子发展有持续价值而且好玩的游戏，然后在小中大班都让孩子玩这个游戏，根据孩子的年龄差异不断提高难度和改变目标。以下是一些例子。

益智游戏区老师经常把投放拼图玩具当作是投放拼图游戏。假如你投放的只是拼图玩具，孩子玩拼图玩具，玩着玩着就会觉得没有挑战性了，就不玩了，这个拼图是不是就没用了？

投放拼图游戏就不一样，老师根据孩子的年龄段，挑一张不要的图画或者是杂志上剪下来的图——小班孩子就挑简单一点的，大班孩子挑复杂一点的——拿到小朋友面前："小朋友，老师教你们玩一个游戏，叫做拼图游戏。"同时准备一把剪刀，当着孩子的面在图画上剪一刀，"小朋友，你能不能把这幅图画拼起来？"剪一刀的话孩子应该能把图画拼起来。永远记住，不管你带孩子做的是什么游戏，都有这两个原则，首先是一定要简单、容易，孩子一玩就能成功，其次是阶段性地增加难度。

把图画剪一刀，孩子拼成功了，再剪一刀，孩子已经大概明白了这个游戏的玩法，他又能拼起来。如果是小班或中班的孩子，你还可以多剪一刀让他拼，拼完以后，留下剪刀，没有你的事了。为什么？因为孩子已经学会了这个游戏，拼到不好玩，拿剪刀多剪一刀，再拼，这就叫拼图游戏。

至于孩子的游戏过程是不断地重复拼、还是拼完以后再剪，就不关老师的事了，每个孩子的学习方式都不一样，你不能把想法强加在他身上。有的孩子将图画剪成很多块以后才拼一次，然后将拼好的图画搞乱，再拼一次，拼到他很有信心了，再剪。有的孩子是拼完以后马上再剪，这个由他自己决定。到了大班，你只要选择图片信息量丰富的图画，增加图画内容的复杂性，给孩子一把花边剪刀，这就够孩子忙了。拼图游戏在

小、中、大班都能用，这也是标准化游戏的一个例子（扫二维码看录像）。

我举这个例子是想告诉老师这才是游戏投放。孩子学会了这个游戏，基本上就没有你的事了。更厉害的老师是要求家长收集一些旧杂志，连拼图的内容都由孩子自己挑。孩子挑了以后自己剪，剪完自己拼。老师还可以教孩子延续性的游戏：把碎片重新用透明胶贴起来拿回家，自动流水线，让孩子自己操作成功，这是完全能做到的（渗透各领域的相互发展）。

再举一个例子：圈字游戏。老师给孩子一张生活中随处可见的有文字的印刷品，可以是宣传单、报纸、杂志等。然后让孩子两人一组，两个孩子用不同颜色的笔在纸上圈起自己认得的字，然后数一下认得多少，把数字写下来。接着两个孩子相互教对方不会的字，最后各自写下在某某小朋友的教导下，新认识了多少字，总共认识多少字。老师只要控制纸张的大小和字数内容，提供一定的可选择性给孩子，这个游戏中班、大班都

可以玩（二维码看图）。

我认为老师应该学习应用简易材料的游戏设计，而不是什么自制玩具。什么叫简易材料？就是身边很容易找到的物料，西北地区的可以是玉米干，沿海地区的可以是贝壳。材料可以随手得来，老师之间组织游戏设计比赛，设计好游戏以后，大家互相用，可以让老师的智慧发挥延续性的效益。那些鼓吹幼儿园教师自制玩具，还要求指定数量的观念是过时的了。应该是要求用简易材料来做游戏设计。

设计游戏很困难吗？不会，只要按照以下流程，设计游戏是小菜一碟（第一步和第二步也可以反过来，同样第三步和第四步也可以反过来）：

①选择游戏方式。所谓游戏方式就是如何游戏，例如排序游戏、分类游戏、拼图游戏、猜一猜游戏等。也可以是组合拳，例如先排序再分类。游戏方式可以简单理解为教育目标（发展目标）；

②选择内容或者主题。例如让孩子排序的内容是鸡和鸡蛋的图片，这种内容的选择可以简单理解为教学目标（学习目标，知识点）；

③设计游戏方式的阶段规则。例如首先是孩子自己排序鸡和鸡蛋，玩几次后，就和旁边的小伙伴相互提问、并按提问要求来排序。这种细化规则体现了教师教育目标的侧重性发展；

④设计阶段投放材料的安排。还是继续用鸡和鸡蛋这个例子，假如总共有三张图片，一张是只有母鸡，一张是母鸡和鸡蛋，一张是母鸡和小鸡。教师可以一次就投放三张图片，也可以先投放第2、3张图片，或者第1、3张图片，又或者第2、3张图片，然后两张图片的组合都投放完，再投放三张图片。这种阶段性安排，可以更好地让孩子循序渐进地建构认知经验，可以理解为学习目标的建构安排。

再介绍一些有意思的、很省事的游戏。假如活动室有围栏的话，就让孩子在围栏上绑上绳子作为游戏。孩子去绑绳结，绑完后解开，解开后再绑上，重复进行操作，够忙了吧，而且这符合小孩子的发展需要，现在孩子的手太不灵活了。没有围栏就让孩子互相考验，打完结后两人交换来解开对方打的绳结。随着孩子能力的提高，打的绳结越来越复杂，从活结到外科手术的平结，甚至可以发展到中国传统的绳结。孩子的五大领域同步发展了，而且孩子之间比拼的谋略也越来越高明。这个例子进一步说明，幼儿园游戏的目的是促进孩子发展，不是让孩子来幼儿园玩玩具。因此，创制数量合适的标准化游戏、不断提高游戏难度是比较正确的做法。

这些都是很简单的游戏，举这些例子就是告诉老师"要想一些很简单的、老师不累的办法，让孩子忙起来，然后在操作过程中循序渐进地提高游戏难度，促进孩子五大领域的全面发展"。我不断传递给老师的就是这个观念，中间肯定有很多细节要求要注意，比如要规划好、孩子之间不要干扰、孩子能好好玩起来，游戏不要搞得太复杂，孩子能从中得到有价值的发展。

所以标准游戏的意思是这个游戏不需要改游戏方法，但是游戏的难度和趣味性可以从小班到大班不断提高。提高难度的方法包括但不限于：①材料从小到大的调整。例如拼图图片从小到大的调整，圈字游戏的报纸从小到大的调整；②材料从简单到复杂的调整。例如拼图游戏，简单图片到复杂内容的调整；③玩伴的从少到多的调整。从两个玩伴的组合，比如原来是甲乙一组、丙丁一组，可以调整成为甲丙一组、乙丁一组……（自己举一反三），然后可以三个孩子一组，四个孩子一组……但是每组不建议超过五个孩子。

我的观念是老师不要把精力浪费在自制玩具上，我从来不鼓励幼儿教师自制玩具，但是必须设计一定数量的标准游戏和游戏环境，让孩子在熟悉的游戏环境中不断提高，而不是不断地换新游戏，孩子的能力却没有提高。

二、游戏材料取放自助式

现在大部分老师都是把活动材料按照活动需要一份份准备好，然后交给孩子。我向大家介绍另外一种取放材料的方式：自助式取放材料。灵感来自吃自助餐，意思是材料像自助餐的菜肴摆放一样，分类放好，孩子拿托盘或者小篮子排队过去自取。这种模式在厦门第一幼儿园、深圳实验幼儿园等几百家幼儿园已经实践了近15年，效果非常好。

如果老师刚刚开始尝试这种形式，建议首先从美工区开始（扫二维码看图片

）。

就像自助餐，先对菜肴做大分的类：凉菜、沙律、面包、主食等。每大类里面再有小分类。同样道理，也首先对美术材料做大分类。我的分类方式是：主材料，例如矿泉水瓶、易拉罐那种比较大的物料；辅助材料，例如玉米干、棉花球那种小的装饰材料；工具，就是剪刀、透明胶那些工具。如果每一种分类里面的材料很多，还可以再做一个二级分类，例如硬、软的辅助材料，透明和不透明的主要材料等。也可以按照形状和颜色来进行分类。

材料投放的原则应该是，将身边容易找到的简易物料组成合理的丰富材料，没必要去追求和孩子真实生活经验脱节的材料。我不反对投放更多新奇材料给孩子，只是大部分老师不具备这种条件，所以宁愿老师把有限的资源和精力花在关注落后的孩子身上。其实只要用心，身边的简易物料也可以变成丰富的材料。例如把A4尺寸的纸裁小到1/8、1/6、1/4、对角的三角形等小纸片，这样材料就多变了。例如颜色笔，除了把蜡笔按颜色来区别摆放，红色一个小筐、蓝色一个小筐外，还可以让孩子选择不同的物品当作笔来用，例如吸管和羽毛沾水彩粉就可以当笔用。然后让孩子自选纸片和蜡笔，坐在桌面旁慢慢画，画完要填满颜色。最重要是在桌面铺上报纸之类的，别搞脏了。在孩子完成绘画后，用描述性语言对他说："哦，老师看到你很用心地涂好了红色，反过来在背面再涂其他颜色好不好？"这样的自助式取放简易物料的过程，也充分满足了孩子自

主性的需要。同时孩子的手眼协调、大肌肉运动、写前准备、专注力发展就都完成了！

（扫描二维码看录像）在这个案例中，老师让孩子自选材料去做一只昆虫。做什么昆虫都可以，孩子自己决定，用什么材料都是由孩子自己决定。所以相比传统的老师准备一份份材料给孩子的方式，这种形式更体现孩子的自主性，同时也解放了老师准备材料的时间和精力。

这种自助式的材料取放还可以用在拼插类活动中。比如雪花片，买回来的雪花片肯定是一大包杂七杂八什么颜色都有。其实工厂很笨的，他们不懂，卖给幼儿园的应该是黄色一包、蓝色一包，这样幼儿园才好用。结果他们又多做了工作，把各种颜色的混在一起，混合了以后给幼儿园，幼儿园还要再进行分类。中国这些玩具供应商都不懂幼儿园需要什么。

老师根据颜色将雪花片分成一筐一筐的，这中间有秘诀。同样的颜色要分2～3组，为什么？不要把孩子全聚在一块，这一组孩子用这一批，那一组孩子用那一批。除了拼插活动的材料，教师要举一反三，美术材料也是这样。甚至有些幼儿园可能还停留在给孩子发作业本的水平，那么起码也要让孩子自取作业本。

所以只要老师把材料分好类，孩子排好队去取放就很有次序，大家互不干扰。孩子拿一个小筐，要多少就取多少，要什么取什么，有计划地取材料，取完就有能力放回去。如果你把一大筐玩具给孩子，他永远建立不了自取自拿的能力，以后都要依靠老师，老师的工作就多了。可见投放材料还是离不开"循序渐进"、"从少到多"的基本原则。

孩子拿了雪花片有很多种玩法，其中一种玩法是自由游戏。每人拿一些雪花片，回去自己玩，玩完以后拆掉，再放回去，这是最适合用来打发时间的形式，适合用在过渡环节、吃完饭、餐后活动等杂七杂八的时间。而且这种自由自主游戏就是把原来对的东西再进行复习，对孩子的经验再建构有一定价值。

如果是新生入园阶段，老师只需要有两个区。第一个是这种拼插区，每人**自取**一小筐一样的雪花片，面对墙壁坐下来玩。为什么要面对墙壁？这样孩子之间不会干扰嘛！每人取的雪花片不要多，例如每人五块，多了就会丢得到处都是。而且只取五块雪花片，孩子有能力放回去。因为只有五块雪花片，当孩子插完了就会拔出来，于是插和拔的肌肉活动都锻炼了。所以这个自助取"五块"一筐的方式，已经是一种游戏设计。

除了材料自助取放，**游戏的难度要求（问题）也可以是自助式的。**

拼插材料的另外一种玩法是参考实物模型或者图片进行组合（扫二维码放录像

）。孩子可以自助式地选择实物模型或者图片来参考模仿，做完再进行经验提升。实物模型从哪里来？简单，搞一些亲子活动、分组比赛，妈妈和孩子一块做，好的就留下来做样板，就有实物模型了，然后孩子就会不断地在这个基础上进行优化。这叫指导游戏，指导游戏要参考实物模型。参考实物模型和参考图纸完全不一样，参考实物模型是1比1比例的，1比1的比例和2比1的比例是两个难度。1比1的比例，孩子通过直接比较就很容易理解。

参考实物来做跟参考图片来做是两种思维方法。很多孩子会看图纸操作，反而不会参考实物模仿操作；有些孩子会参考实物模仿而不会看图纸，这是两种观察思维方法。一个是实物，孩子通过实物去思考，这就是1比1的比例。当然，往后再难你就可以把1比1的比例缩小成2比1。现在有电脑，操作起来很简单，把比例输入电脑直接改。比例不一样，难度就增加了。当学会循序渐进地提升难度时，就知道其实设计区域游戏并不困难，难的是不懂循序渐进的方式，经常把一件事一步走上去。比如拼马，1比1的比例的真马是一种做法，1比1比例的图片，2比1比例的又是一个图片，这就已经有了三种游戏，这个一摆下去就不一样了。1比1的比例，孩子会测量，如果是2比1，孩子就没法测量，必须先有1比1的基础，才能进行2比1的操作。如果你一下给孩子2比1的操作，中间断层了，他少了测量1比1的经验。

（扫二维码放录像）孩子在干什么？唱歌。我用这个来说明音乐源自生活，音乐的原理就应该是孩子玩得开心，自然唱出来，就像在种田时唱山歌的感觉一样。你如果跟孩子说："我教你唱歌"，这就已经是小学化，而不是幼儿教育。幼儿教育应该是我们的老师跟孩子一块儿唱歌、一块儿打拍子，多么有意思。这才是真正把音乐和活动相结合。

也可以退而求其次，在活动的时候放背景音乐。这个时候要是放一些相应的音乐，孩子听多了就会跟着音乐哼，音乐跟活动结合，大脑思维同时在进行。所以自助式甚至可以是自助选择音乐。我有一个项目就是每张桌子有单独的蓝牙音箱，孩子可以选择不同的音乐播放。我经常向老师强调，不要太过理性，要更多些感性、在各种活动中更多投放艺术元素。艺术不是开一节课，艺术应该是无处不在，处处是艺术，应该是多元渗透。

我管理的幼儿园有安排好的一整套音乐系列，比如说小班什么时候放什么音乐，包括有很多南方童谣。根据不同的季节来放音乐，每个月都不一样，音乐一播放，整个幼儿园的气氛完全不一样了。其实这就看有没有用心做，花一点心思，为每一个环节选择合适的音乐，每个月进行轮换，整个幼儿园的气氛就完全不一样。不要局限在一个活动里只有一支音乐，一个活动里可以有多种音乐，音乐、艺术应该无处不在，处处都应该有音乐和艺术作为背景来渗透。我觉得这是左右脑的问题，左脑天天在想着科学的东西，右脑绝对可以同时开动，去感应艺术的节奏。

（扫二维码放录像）孩子看到右边的小朋友搞不定，互相帮忙。还有虽然是实物对比，但孩子也没有完全参照实物，而是按照自己的想法来变化。孩子说："我就快完成了"，体现了孩子的成就感和阶段意识。认真看完我点评每一个孩子，其实就是这三个问题：孩子在做什么？做这件事的意义是什么？最后准备给他什么？只是每一种课程给孩子的环境不一样，评价角度不一样，操作的计划不一样，但整个框架是一样的。这种自助式的拼插积木活动很简单有效，在孩子拼积木的过程中，老师完全可以评价孩子。

（扫二维码放录像）孩子跟老师说："我不想按照那个来拼，我想拼……"孩子就没有参照那个实物来拼，结果创造了一只摇摇马。可见不一定要孩子完全按照参照物来拼。我认为发展孩子创造力最好的方式是先给孩子一些合适的参照物，孩子慢慢就会把其中喜欢的部分发展成自己的东西。

（扫二维码看录像）怎样培养孩子自取自放的习惯？又是"从少到多"的原则，老师可以用标志说明哪些材料可以取用，例如大夹子，然后老师组织活动来培养孩子相关的习惯。

蒙台梭利课程的一个特点就是游戏和学具的标准化、取放学具的自主化。我不赞成完全抄袭蒙台梭利，这是一种低级的学习，但是我认为应该学习蒙台梭利这种标准化和自主化的精神。然后根据自身情况来设计游戏和材料。

再进一步，老师甚至可以从自助式提升到自找式。自找式的意思是让孩子自发去寻找合适的材料，或者用喜欢的材料去进行相关的游戏。老师把握的是游戏，但是游戏的材料让孩子自发去找。例如上文说的拼图游戏，老师提供杂志给孩子去找拼图游戏的图片，已经体现了"自找"的精神。进一步体现"自找"精神，可以把"找"的范围扩大到户外、家庭，甚至来幼儿园的路上。这种"找"的过程，可以让孩子更好地实现各种经验建构。

老师应该用这种自助式材料取放安排作为配合游戏标准化的方式，孩子就能够体现出更多的自主性。多花时间跟孩子交往，老师花在孩子身上的时间再多都不够用，所以就再别浪费时间搞创新了。有了标准游戏，老师的操作就很简单了，让孩子学会标准游戏，孩子学会以后，三年内你都不用教他怎么玩游戏，只是想办法把游戏的难度提高。

三、教育教学目标整合化

在中国大陆做幼儿教师一定要记住两个关键字，这两个关键字叫做整合。中国大陆幼儿教师啰啰唆唆的工作特别多，我的说法是家长要求多、领导事情多、工作环节多的"三多现象"。要是零零碎碎地把这些事情一件件来应对，肯定忙不过来，所以幼师在工作中要记住这两个字——整合。整合就是把原来分开做的事，合起来变成一件事去完成。整合的观念提升了幼儿园的工作效益和效率，只要具备这种整合的观念，不断尝试学习，慢慢积累经验，整合就能够变成常态化的思维模式。

可是区域活动怎么整合呢？可以是教育目标的整合，也可以是教学目标的整合，还可以是各种活动之间的经验整合。当然，最理想是将多种整合相结合。

举例：（扫二维码看图）这是一个大班活动，主题是昆虫。经过了多次和昆虫相关的研习活动后，老师在美工区设计了"抽成语画昆虫"的游戏。孩子在一堆成语字条里抽签，抽到什么成语就要用昆虫作为主题，通过绘画来表现出这句成语的意思。例如，抽到"变化无常"的孩子就需要用昆虫作为主题，画出"变化无常"的意思。然后孩子还需要解说为什么这个画面可以表达出"变化无常"的含义，老师在孩子解说的时候就用文字在小贴纸上记录下来，贴在孩子的画作旁边。最后老师把这些作品和解说的文字张贴在语言区展示出来，同时在这个展示板前面摆放一张小沙发。于是在区域活动的时候，孩子自然坐在沙发上，面对展示板进行语言活动。通过这个例子，老师把语言发展、成语内化、想象能力发展、美术发展等多种目标整合起来，同时把几个活动的内容用"昆虫"作为主线整合起来。所以这个例子是目标和内容的同步整合。

在这里要提醒老师，活动更重要的是"好玩"。这个活动之所以好玩，是因为有抽签的未知元素参与其中、有孩子创造的挑战、有相互交流的乐趣。

可是为什么要整合目标？幼教圈里经常说过程比结果重要，但事实上很多时候，老师心里只有结果而没有过程。但这两件事是不矛盾的，两者是在活动中同步、平行进行的。就像手机和微信的关系一样，微信就像孩子的发展经验，发展经验决定了教育目标（素质建立、能力发展之类），手机就像活动内容，活动内容决定了学习目标（知识类、认知经验类）。不管用什么手机都可以用微信，但没有手机（或者类似设备）就用不了微信。所以两者之间是相依附的关系。

可见组织孩子进行教学活动，或者区域活动游戏，**活动内容和活动过程的安排是两件事**，这两件事合起来才是一个活动。例如要孩子点数，点数就是内容，让孩子掌握点数的能力就是结果。可是在过程中是安排孩子一个人点数，还是安排孩子组成小组点数，又或者集体喊出来点数，带给孩子的经验是不一样的。这些不同的安排就是过程带给孩子的发展经验。

在区域活动中，老师安排的游戏和材料是区域活动的内容，老师怎么安排孩子进行区域活动就是过程，这两件事需要同步来做。但是现在大部分老师做计划时只做内容的计划，没有做过程的计划，将过程带给孩子的经验和内容带给孩子的知识点分割开来。老师的工作就变成了两件事，既要考虑区域游戏，什么材料让孩子学到什么，又要设计给孩子进行素质教育、促进能力发展的活动，这样工作量就加倍了！

如果我们把两件事结合到一起来做，在一个计划策划里面做到过程的计划和内容的计划同步，甚至把区域活动和其他活动的内容整合到一起，老师就会轻松很多。所以老师应该建立整合目标的思维习惯，在设计活动的时候，除了传统的知识点外，多想一想过程安排的变化。

当然在这种整合过程中，还是必须符合从易到难的循序渐进式安排。我举个例子，这个例子大部分幼儿园都有，就是超市角色游戏。超市跟娃娃家不一样，现在很多家庭都是独生子女，我们摆娃娃家，孩子不一定会玩娃娃。但有两个区域孩子都能玩起来，一个是医院，另一个是超市。玩超市区域有秘诀，超市为什么很重要呢？它能带来数学和很多社会性的元素，超市跟社会很贴近。

老师可能会说："小班怎么懂数学呢？"我们可以用一一对应的方式，超市里面只卖一种东西，比如只有可口可乐，都是一块钱，孩子拿着一张一块钱，和要购买的商品一一对应。明白了一一对应之后，老师可以教数字"2"，你可以跟孩子讲："小朋友，现在通货膨胀了，可口可乐不是一块钱，而是两块钱一瓶。你拿一张一块钱不够买，要两张一块钱才能换一瓶。"原来孩子学的是一张换一瓶，突然之间要两张换一瓶，他发现不一样了，贴在那里的是"2"，他会发现 1 和 2 之间的实际关系。

然后教师可以再增加数字："现在政府发行两块钱，你手里有一块钱，也有两块钱，你要是拿出一张两块钱就可以买一瓶。"再到后面，通货膨胀解决了，可口可乐降价变回一块钱一瓶，小朋友手里有两块钱，拿两块钱就可以买两瓶了。单是 1 和 2 就够小班体验一个学期，孩子就能慢慢明白数字和数量的分别，到后面 3、4、5 学起来就很快了。

然后超市可以再增加其他商品。我在深圳一所幼儿园做得出神入化，因为靠近香港，孩子买东西先用人民币换港币，钱不够还可以刷信用卡，有时候还要算打折。原来这个东西 10 元，现在打 8 折，孩子经过一个学期的游戏就都能算出来了。这就是循序渐进地把目标整合进活动的例子。

再举个例子。在角色游戏中，怎样体现语言和数学目标的整合？老师可以增加餐厅的菜单，在点菜的过程中语言和数学的目标是不是体现出来了？埋单要用钱，更多的数学元素就体现出来了。我举这个例子是想告诉大家，从每一种区域的游戏中都能分解出五大领域的目标。

事实上，生活里是没有分科的，应该是在任何活动里都有各种领域。例如烹饪里面有语言、有数学、有科学、有社会交往、有艺术元素。所以整合就是在一种活动里，整合五大领域的目标。这个观念很重要，根据领域内容来划分区域活动的分类是中国幼儿园区域活动的一大误区，非常容易误导老师把领域目标等同活动领域的名称。

很多年前我去武夷山，等飞机时，旁边坐了一个男孩子，估计也就两三岁。男孩子的语言能力很好，后来男孩的爸爸说："你考他一下数学，他能算一百之内的加减。"我说不会吧，于是我就考他："用 100 元，买一件 10 元、一件 20 元、一件 30 元的东西，最后找回多少？"孩子马上就答出来了，我说："你这个孩子好厉害啊。"孩子爸爸说："没有什么厉害的，我家是开大排档的，孩子从还不会走路的时候，晚上就在大排档。我在厨房做饭，老婆在门口管钱，孩子就在客人堆里。孩子跟人交往多，语言能力很强，很大方。一到埋单的时候，妈妈把单给他，他就拿去跟客人要钱，结果孩子的数学就很厉害。"可见孩子在"活动"中的综合学习能力非常惊人，只要区域活动能够整合各种目标模拟真实环境，孩子的这种学习能力自然能够得到充分发挥。

再给大家一个活动之间整合的例子（扫二维码看录像 ）。这是一个将集体活动和区域活动整合的案例，在这个叠纸杯活动的过程中，老师引导孩子关注方位、数字、加减还有时间等数学概念，也引导孩子对地理认知（国家、城市）产生疑问。集体活动结束后，老师把游戏投放在区域中，孩子在区域游戏的时候就可能会把集体活动过程中老师铺垫的教育教学目标——例如认知概念——运用起来，然后在区域活动中复习深化。而且经过这种整合活动后，教师对孩子的游戏方式也熟悉了。相比单独投放区域活动，集体活动和区域活动之间的整合可以节省老师的教学时间，同时可以促进孩子朝着有效的教育教学目标发展。

从以上的例子，老师应该可以看到，掌握了区域活动的整合性，我们可以大大提高工作效率，孩子的经验建构也更紧密。

四、教育教学内容延续性

首先看看这幅画（扫二维码 ），题目是"我画的车"，旁边写着"黑色线条是 4 月 9 日第一次画车，红色部分是 4 月 14 日再一次观察园医的车后添加的，绿色部分是孩子观察完自家私家车后，在 4 月 20 日添加的"。

我们看到这个作品不是一次性完成的，而是画完一次，展示一段时间，然后拿下来，加工后再进行展示。这就是延续性的方法之一——作品再加工。同样是一幅作品，孩子先用黑色的线条画一次，完成后展示一段时间，孩子之间互相欣赏作品。之后孩子又去看幼儿园的车，然后在画面上再添加红色的部分。这种延续性安排的美术活动能够很有效地体现出孩子观察能力的提高。

老师让孩子画三张不一样的画，相比让孩子画一张画，孩子需要不断对画面重复加工，后者对孩子的能力提高作用就很明显。同时这种方法减轻了老师设计绘画内容的工作难度，也为幼儿园节省了纸张资源。所以教师引导孩子创作作品的过程中有两种思维模式：一种是孩子创作一次就结束；另一种是创作一次之后，过一段时间进行再创造和加工。第二种思维模式能够让老师更省事，也能够让孩子更好地发展相关经验。这就是区域活动的延续性做法之一。

延续性的做法是我一直倡导的，还可以进行怎样的延续呢？

再举个例子，比如投放撕纸游戏。首先大部分小班孩子都喜欢撕纸，但为什么要做撕纸游戏？可以促进孩子手眼协调发展呀！可是撕纸游戏也可以作为幼儿园阶段三年都玩的游戏：给小小班孩子长条纸条，孩子就不断重复撕纸（重复动作是低幼游戏的特点之一）。给大班孩子的可以是一些旧杂志，孩子要根据要求来撕。比如最近的主题是"春天来了吗?"孩子就要在杂志里找一些他认为跟春天相关的图画去撕，沿着图案的边缘慢慢撕出来。所以同样是撕纸，不同年龄的孩子体现了不同水平的发展。

这样看起来好像很简单，但关键是细节，细节体现了水平。比如低幼孩子，我们给孩子长条纸撕，我们还要有透明的一次性塑料杯给孩子装撕下来的纸碎。但是一次性塑料杯比较轻，立不稳，我们又不想用双面胶把纸杯贴在托盘上（会增加活动之后的整理清洁劳动量）。所以可以把两个塑料杯套在一起，中间压一块橡皮泥，这样杯子就立稳了。塑料杯的使用还有学问的，在塑料杯上用即时贴贴两三个圈，黄色、绿色、黄色的圈，这样小孩子就有了阶段目标，孩子撕满一杯之后，老师压一压，孩子又要再撕。小班孩子的游戏特点是重复性地撕，撕满一杯了，老师可以说："小朋友，谢谢你啊，现在你撕的这些纸碎，我们下一个活动正好用得上。"要让孩子知道，他撕出来的纸碎不是要丢掉的。很多老师有一点做得不好，就是不重视孩子的作品。我们一定要让孩子知道他们的作品是很有价值的，是对班里有贡献、对其他孩子有贡献的，孩子才会在心里建立自我价值，觉得我是一个有用的人。所以你一定要让孩子知道，他撕的纸碎是为下一个揉纸团活动提供了材料。孩子拿这些纸碎去揉，揉满一杯，拿到美工区做粘贴画的素材。这样我们需要的活动延续性的"流水线"就诞生了。所以这种将一个活动的作品变成下一个活动的材料的延续又是另外一种延续模式。

但到大班就不一样了，老师可以准备一些旧杂志给孩子。假如最近班级的主题是春天，就指导孩子翻一下杂志，找一些跟春天有关的图画，把它们进行分类，比如人物的、服装的，天气的等等，要孩子进行相应的撕纸活动后把纸碎放到杯子里，然后拿到美工区做活动素材。

过段时间可以再找一些跟汽车有关的内容，包括加油站、交通警察等等，孩子在活动过程中学会了分类来撕，既要思考分类，又要动手沿着不同的图案来撕纸。由于图案是随机性的，对大班孩子来说就更具备挑战性。这样活动之间就产生了延续性——也就是活动的作品延续变成了下一个活动的材料。

另外一种高性价比的延续就是将家庭及社会经验延续到幼儿园，再产生幼—幼经验互动建构。这种经验延续的模式在角色游戏中效果最明显。

我认为角色游戏应该学习北欧和以色列等地区和国家的方式，不买玩具而是投放真实的家庭旧物品。对益智游戏来说材料很重要，但对角色游戏来说更重要的是情景触发经验的延续，接着产生人与人的交往，在交往的过程中产生教育。

你班里的角色游戏如果没有采用混班混龄的形式，是单独一个班来玩的，我认为即便投入再多的材料都发挥不了角色游戏的最大作用。角色游戏需要的是人和人的交往经验，应该采用混班混龄的形式，如果做不到混班混龄，那就可以采用走班的形式。例如我指导的深圳实验幼儿园其中一个分部就是每个班设置一种区域，孩子通过混班走班的形式来选择不同的区域活动。

现在很多幼儿园有很多活动环节采用混班混龄的形式，如果没办法做到大规模混班混龄，起码要在户外活动中打破班级界限，让孩子之间多交流。这样才可以有效地发挥经验延续的教育价值。

整个幼儿园的目标应该是创造环境，适应孩子的成长，而不是老师教孩子，我们必须要有这个观念。要知道益智游戏、角色游戏、建构游戏等每种游戏的特点，教师才能发挥得好。角色游戏很简单，如果走廊宽阔可以在走廊进行，孩子在外面能够混班混龄，他的交往活动就会更多。我在深圳一些幼儿园把家长拉进来做助教，让她们在角色游戏里跟孩子玩，这样孩子的生活经验就丰富了。角色游戏就是需要生活经验来做直接铺垫，在其上再延伸、再建构，必须是跟生活直接有关，不同的孩子一起将不同的经验重新建构，孩子的经验就丰富了。

最后提醒老师，不要纠结在"标准""自助""整合""延续"这四个名词上，我用这四个名词只是为了比较容易阐述，以便老师理解。这四者之间也有很多分不清的关系，老师最重要是的抓住原则：孩子自主活动，老师轻松观察。然后发挥你们年轻人的创新思维，不断试错，自然会越来越清晰！

福利来啦！

更多区域游戏活动案例资源扫描二维码，点击"开始"，直接推送个性化《游戏中学习》的活动　。这本书现在只有电子版，这本书是我这么多年来看过的，对大陆幼儿园最实用的游戏指导手册。这本书是陈宝琼写的，如果你们对香港熟悉，就知道香港有一个耀中教育机构，是全香港收费最高的幼儿园、小学、中学，现在好像在投资大学。耀中教育机构的幼儿园是半天班，一个月学费接近两万港币，而且还不一定能进去，要排队。发报名表的时候，马路上可能有一千人在拿报名表。陈宝琼是耀中教育机构的创始人，也可能是全香港第一个推行在游戏中学习的人，很专业、很有料，这是我见过的讲述在游戏中学习方面的最接地气的实操性工具书。

这本书是1977年写的，成书的时候大家可能还没出生，但这本书的内容到今天还是很实用。下载电子版以后，大家好好参考里面的游戏，看完这本书，基本上可以应付大部分的工作。

这本书分类分得好，它的分类采用感官训练、语言发展、辨别与分类游戏、关系及认识、听觉游戏、记忆游戏的形式，为什么这样写呢？很有道理的，这些全部是依据孩子成长的需要，将孩子作为中心的具体直观的学习。

首先是感官训练，训练孩子的感官、语言的发展、辨别与分类，就算你在设计火箭上太空，都离不开辨别与分类的能力。

你买手机，怎么挑手机就是辨别与分类，辨别与分类是人一生中用得最多的能力。关系及认识，我们与一件事直接产生的关系对我们来说也是很重要的认识经验。

书中的内容做了很多分类，而且每一个分类之前有理论讲解，这些理论讲解都很有实际价值。大家的身份是幼儿园老师，要面对一线的实际教学需要，我最反对那些大学专家跟老师说要做教研型老师，教研应该是大学教授做的，教授带着博士生做出成果给老师用的。

首先建议看这本书中的"写前准备""读前准备"这两部分内容，因为一定会有很多家长跟你讲孩子要学写字、要学东西，你可以用里面的内容来回答。写前准备有一些理论："本章特别讨论怎么样为孩子在写的方面立好根基，这里所讲的写不是写作、传统思想和感受的写，而是指书画方面怎么建立好基本的动作和培养书写时的正确姿势。"

这些内容里很清楚地告诉大家写和写作的区分，写的过程相当复杂，写字不是拿起笔就写，"需要手腕和前三只手指的动作互相配合，并由脑控制之后才写出，换言之，它需要小肌肉有好的发展，眼睛和手有好的协调，由脑发出号令，才能写出字。孩子画画的动作中，很多线条和式样都是仿制字的笔画，例如曲线、点、圆圈、环都是线条。"

里面还告诉你怎样拿笔。写前准备，不是写字哦，是画，画下雨、画流汗、画猫毛、鱼骨，画完以后再画圈圈、画项链，用虚线画画、有规限地画画、长线的练习，最后再总结。在写字之前，里面有很清楚的理论。

这样老师就知道，原来画画都是写前准备："画图、画画剪贴，这些都是训练，都是小肌肉运动的训练。"除了画画，还要发展手腕的运动活动。通过什么游戏来发展呢？通过这些游戏发展小肌肉，为什么玩橡皮泥对孩子有好处？为什么要玩拼插游戏？这些都是跟写字有关的。这些活动做好以后，手眼协调就获得了发展。还可以拿一些不用的锁头来玩配对开锁游戏，还有串珠游戏，这些都是锻炼手眼协调的方法。这本书会教你玩很多游戏，这些游戏都很简单，材料的收集也很简单，比如配对开锁游戏，只要每个家长拿两个锁头，班里就有六十个锁头和相应的钥匙，孩子就可以充分地进行配对操作，锻炼手眼协调能力。书中的内容都是很实用、很简单的，好好把这本书用起来。

第三部分
专业水平

第七章
调控孩子游戏的学习效果的六个元素

一、三个基本调控元素：时间安排，空间规划，材料投放

二、三个进阶调控元素：规则设定，玩伴组成，老师介入

　　掌握"调控孩子学习的元素"是幼师很重要的专业能力，所谓调控元素是指那些能够对孩子学习造成影响的元素。部分老师对教孩子学习有一个错误的观念，以为教孩子的唯一方法就是用教材来"讲解"，于是就有那些"我都讲了这么多次，你为什么还不做好"一类的评价。但是让我们来换位思考，假如你不会游泳，不管我给你讲多少次怎样游泳，你还是不会游泳的，你只知道怎样游泳的理论，但是却不会游泳。所以幼儿教育应该是以"做中学"为主。

　　我认为幼儿教育，除了安全、自我保护等必须性的二手知识外，能够帮助幼儿持续学习，以及能够帮助幼儿以后在学校或者在生活中更好地去理解各种现象，同时能够运用已有的知识来解决新问题的有效教育资源是一手的操作经验。所以"讲"只是其中的一种教学方法，幼师需要掌握更多可以帮助孩子有效地在操作中学习的元素。

　　根据自己的经验，我归纳出六种元素：时间安排、空间规划、材料投放、规则设定、玩伴组成、老师介入。这些元素等同做饭的火候和调料，做不同的菜式需要不同的火候和调味。同样道理，在孩子不同的发展情况下，这六种元素也需要进行不同的调整。所以调控只有合适的"度"，而没有绝对性的答案。老师需要学习、掌控这些元素的使用原则，如同大厨掌控火候和调味的原则、中医师掌控药材分量的原则一样。

　　为了让老师比较容易掌握和运用这些元素，我把幼儿园教师经常用到的六个元素罗列出来，再将它们分为基本的和进阶的两类元素。基本元素是指影响孩子游戏过程的最基本的物理元素，例如游戏时间的长短、空间的大小等；进阶元素是指会进一步影响孩

子游戏过程的非物理元素，例如进区规则、玩伴组合（虽然玩伴组合是物理性质的元素，实际产生相互影响的是孩子已有的经验）。当然这不是唯一的分类方式，我是想通过这一章让老师意识到，甚至养成"调控游戏中的学习元素"的思维方式。

这些影响孩子"做中学"质量的元素，还可以归纳为解读教育环境的具体操作方案，我称之为"时空、人物和孩子之间的关系"。要清楚说明这些元素之间的关系，我认为只有用《易经》的理念，所以后面我用《易经》来解说这种观念。如果现在没看懂，等以后人生阅历丰富后慢慢再看。

一、三个基本调控元素：时间安排，空间规划，材料投放

时间安排、空间规划、材料投放是三种基本的调控元素。

时间安排是第一位的，也是最重要的。因为如果没有时间去活动，其他元素就没有任何意义。时间安排最基本的两个参数（可以变化的量）是区域活动的时间段和区域活动时间的长短。通过调整这两个参数，老师就可以调控活动的教育质量。

大部分传统幼儿园的一天安排是这样的：首先早上安排集体活动（教学活动），然后是区域活动，接着是户外活动……就像我在第一章所说，我所接触的幼儿园大部分到今天还是放不下按照教材制定的教学进度进行的习惯，结果老师一天都在赶，就因为有很多环节要完成。

全世界大概只有中国幼儿园的老师和孩子需要在一天里同时完成美国的区域活动、意大利的主题课程、新西兰的学习故事，最重要还有前苏联的集体教学进度要求。还没

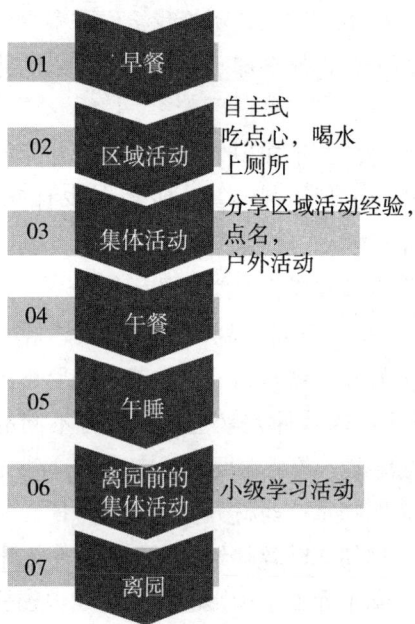

01	早餐
02	区域活动	自主式 吃点心，喝水 上厕所
03	集体活动	分享区域活动经验， 点名， 户外活动
04	午餐
05	午睡
06	离园前的集体活动	小级学习活动
07	离园

其中，值得一提的是，离园前的集体活动为了更好地实现参与式的家园共育，实现教育教学的家园同步。

具体做法：每天离园前的集体活动后，会给每一名幼儿取一张表（如下图），请小朋友将自己学到的东西教给来接自己的家人。好，就用"√"号，不好就打"×"，没来就用"○"表示。每周定期将该表进行展示到家园互动栏里，供家长知悉了解情况，并能反思自己的参与程度。肿么样？让幼儿当老师，家长当学生，角色互换，互相体验，是不是超级高！

	爸爸		妈妈		爷爷/外公		奶奶/外婆	
	学习效果	学习态度	学习效果	学习态度	学习效果	学习态度	学习效果	学习态度
星期一								
星期二								
星期三								
星期四								
星期五								

包括其他的体育活动课程等等。其实这种做法只是变相的小学化教材教学。

针对今天国内幼儿园的情况，我的建议是一天之中的活动环节越少越好，可以安排早上进行区域活动，尽量给区域活动安排更多的时间，这样孩子就喜欢去幼儿园（因为去了立即可以玩），老师也不需要赶环节，可以慢慢沉淀在游戏中学习的技巧和经验。

也有的幼儿园由于客观原因，把区域活动分开在两个时间段进行。我认为由于幼儿的思维特点，低幼的区域活动时间还是尽量安排在一整块时间中，尽量不要断开。

区域活动整块时间安排充裕后（我一般是保证 75 分钟以上），老师可以按照孩子活动的情况，进一步调控个别孩子在某一个活动或者一个活动里面的某一个环节的时间。在某一个活动或者活动过程中制定时间长短的调控，对孩子的发展带来影响是：

活动时间	自主尝试概率	建立单领域经验	建立跨领域经验	建立时间意识
长	高	高	低	低
短	低	低	高（可能）	高

老师可以有很多组合方式去调控这种时间元素，例如让孩子用整段时间在自选区域里面，不可以换区；也可以在其他区域有空位的条件下随意换区；也可以是在开始的20 分钟内不可以换区，之后可以换一次（或者几次）；也可以给在同一个区域里的角色时间设限（例如在角色区轮流扮演公主）……还有无数的组合方式。但是永远记住，调整是一个发展的过程，是一种循序渐进发展的动态过程，不是永远不变，而是应该根据孩子的发展需要来循序渐进地做出调整。

这里给新手老师一些参考原则，表格里面说的宽松时限的意思是弹性的时间要求，例如孩子可以选择或者不选择这个时间要求，也可以是一个时间范围的要求，例如10～20 分钟：

	低结构游戏（没标准答案）	高结构游戏（有标准答案）
低幼	没时限	没时限到宽松时限
高幼	宽松时限	宽松时限到有一定的时限

空间规划（含环创）是第二个基本调控元素。

我们在第三章的第二部分已经说过在班级里规划所有区域空间的原则和案例，在这一章主要讲解在每一个区域里的空间规划。

空间规划，包括了规划各种空间的位置和大小，简单到怎样安排孩子在一张六人桌的位置都是空间规划的一种。例如两个孩子用一张六人桌，刚开始坐在距离最远的两端，这就是"看得见、摸不着"，只可以通过视觉和语言进行交流，没办法进行肢体交流。两个孩子进行了一段时间的这种交往之后，就可以安排坐在六人桌短端的对面，这时候就可以进行一定范围的肢体交流。这就体现了利用空间规划的方式，实现了循序渐进的社会交往发展。所以简单到一张六人桌，也可以专业地利用座位安排（活动空间安排）来体现教育目标的实现。

我安排空间的基本原则是从少到多地安排孩子数量，从远到近地安排孩子交往。一个区域里的空间可以分为材料存放空间、孩子过道空间、进行活动的空间。老师首先规划好这三者的空间位置，然后再规划每一类空间的大小，最后通过调整活动空间来实现各种教育效果。

以下三张照片很清楚地说明了这三者的关系。图一没有区分清楚这三类空间；图二区分了这三类空间；图三不但区分了这三类空间，还划分出了两个活动空间。也就是说，在同一个区域可以划分出多个活动空间，甚至是材料存放空间。而且老师可以利用活动空间改变游戏玩法，在游戏活动中启发孩子的创造力，让孩子脑洞大开。例如图三，可以在活动中告诉孩子黄色部分是陆地，其他地方是海洋，一句话就丰富了游戏内容！

图一　　　　　　　　　　　图二

图三

具体划分了活动区的前后对比，孩子的建构效果会大幅提升。因为具体划分了活动空间，就有"摆满这个范围"的暗示。

很多老师会忽视材料存放空间、孩子过道空间、进行活动的空间这三者之间的关系，如果没有预先布局好，孩子就容易相互干扰。特别是采用在第四章介绍的"游戏材料取放自助式"的方法时，这三者的关系就更需要具体规划，因为过道就经常需要用来取放材料。那些不方便孩子通过的过道——例如会被孩子的椅子挡住的过道——就不合适。

但是也不一定要把方便孩子作为唯一的考虑要素，例如这个建构区案例（扫描二维码），图一的辅助材料太直观方便了，孩子就能够很快进入角色游戏。图二把放辅助材料的玩具柜反过来，开口朝向外面，建构材料在区域里，这样就更有利于孩子在进行建构游戏后进行角色游戏。当然这种布局也要参考孩子具体的发展情况，假如孩子已经可以将建构游戏和角色游戏同步进行，就没有必要特意按照让孩子玩一下角色游戏，再丰富建构情景这样来安排了。

另外需要注意的是，材料空间不一定要和活动空间在同一个空间内。例如图书不一定就在阅读区里，有些幼儿园不具备条件，可以让孩子拿了图书，找不影响别人的空间看书。到了大班，甚至可以跨区域拿取材料。

安排临时活动空间也是经常要用到的技巧，其实就是在地面用记号规划好位置，区域活动的时候，孩子把地垫放在规划好的记号上进行活动。

我总结的调整活动空间的心得如下：

不用桌子（垫子）的空间从小到大调整，用桌子（垫子）的空间从大到小调整。

经常看到不用桌子（垫子）的区域，像建构区和角色游戏区的空间问题是一开始空间就很大，孩子到处走动，专注性不强。我的经验是不用桌子的活动空间应该从小到大地进行调整。使用桌子的空间经常看到的问题是空间太小，像美工区，经常看到六个孩子挤在一张桌子上，手肘顶手肘、画纸叠画纸地在活动。我建议在区域活动时每张六人桌最多容纳四个孩子，而且应该从大空间到小空间进行调整（就是人数从少到多）。

做完以上的规划后，空间规划的最后步骤是**区域空间的环创**。区域空间环创的作用是制作情景，情景可以引发过往经验的"表征"，"表征"包括了张贴的环境布置和道具材料。例如看到红十字，就想起医院，接着就联想起在医院的经验；看到家里的水壶，就想起妈妈烧水沏茶的过程；看到自己的作品，就想起当时制作作品时的想法，于是就可以进行交流。

对于低幼，尽量采用贴近孩子生活经验的元素，例如幼儿园孩子经常去的当地儿童医院的名称，小班角色区环创时就应该用该儿童医院的名称。到大班才使用有创作性的环创元素，例如让孩子命名一家医院。还有一个经常被遗忘的情景要求，就是声音环境，声音可以很好地调动我们的记忆。如果有条件，可以利用旧手机，在每一个区域录制各种音频环境塑造不同的情景。例如配合主题，美工区可以播放大自然的海浪声音，益智区可以播放轻音乐等。国外有些幼儿园甚至把气味也作为情景元素之一。

要有效发挥环创的作用，有时候甚至椅子的朝向也是一门学问。（扫描二维码看图

）图片中的这个沙发朝向墙面，立即把环创和语言区结合了起来。孩子面对作品墙，自然会相互交流讲述作品，于是美术作品将环创和语言发展整合在了一起。

总结我的经验：区域空间环创内容的原则是从近到远，从贴近身边的经验开始，因为熟悉的、贴近生活的内容更容易引发孩子的思维创造。随着孩子长大，逐步提高距离孩子生活稍远的内容的比例，可以促进孩子和新的经验产生建构，至于怎么把握比例就需要不断尝试了。

材料投放是第三个基本调控元素。在第二章介绍了一些基本的游戏和材料观念。在这一章我教大家一些高层次的材料设计。

这是一套法国人设计的学具（扫描二维码　　　　）。有一年我去法国一个小地方，在一家幼儿园看到一套很好的拼图，简直惊为天人，我就追查，追查到发明人是一位退休的幼儿园老师，觉得市场上的玩具不够好，就设计了这套拼图。

后来我就引进了这套玩具，为什么说这套拼图专业呢？传统拼图都是高结构的，高结构就是说这套拼图拼下去一定是有标准答案的。拼图永远有局限性，只有一个标准答案，玩过两次，孩子就觉得不好玩了，过去拼图没有办法突破这个缺点。

但这位法国老师做了一件很伟大的事，就是把高结构拼图往低结构多元化去设计。低结构就是没具象的标准，比如玩沙。他将拼图突破设计为可以有无限的标准答案，这套拼图的设计特点就是每一个图案都能进行变化组合，拼图怎么组都能产生意义，结果不是固定的。在设计图案的时候，图像之间是能够产生变化的，图像产生了变化，里面的信息就会发生变化。今天你可以跟孩子讲太阳在仙人掌的下面或者左边，如果这个拼图只有标准答案，那么太阳永远是在仙人掌的下面或者左边。现在不一样了，太阳也可以在仙人掌的右边，这样一摆下来，千变万化，完全不一样。如果只是这样你会说这只是小意思，其实后面还有更精彩的，整个设计把拼图做得出神入化，你现在看了会觉得只是这样，但如果我让你无中生有，从没有中创造出来给我看？难就难在这里，创造就是发明从来没有过的东西，他可以无中生有想出来，这才是他厉害的地方。

我们内行的人一看，就说这套拼图突破了低结构、高结构材料之间的局限性，它突破了一道难关——高结构材料往低结构走，这个难关一突破，天地开阔，整个教学都不一样。他的设计很有道理，首先是一一对应，有一个透明的格子，让孩子知道这个格子摆在哪儿。这里是有网格的，网格很简单，注意看，中间有秘诀，懂行的人就看到了，教育教学思维规律全在其中。这个拼图首先可以让孩子自由拼，拼出自己觉得有意义的图就可以了，这就是满足孩子自由拼图，大部分拼图都是这种。大部分拼图不存在太多

的教学性，这套拼图就不一样了。从第二关开始不一样了，这是培养孩子思维的顺序性，一般孩子刚刚玩拼图时是随性的，按照手里拿到的拼图碎片找位置，不会按缺什么的思路来找碎片。在老师的引导下，孩子学会了按顺序找碎片，拼好这边，孩子的思维方式发生了变化："原来也可以这样拼"，思维方式在解决问题的过程中开阔了，从他本能地、直观地拿了碎片过来拼，通过老师的引领，形成多种新的思维习惯，这就是一种教学。

接下来的要求跟刚才不一样，这次没有网格，有困难了。没有线的划分，对成人来讲好像差不多，但对孩子来讲是另外一种思维方式。外国孩子玩的玩具，就像蒙氏一样，最重要的特点就是循序渐进，而在中国往往是一下子把孩子高估了很多，从低水平一下跳到高水平，中间没有循序渐进，最后累了谁？当然是老师，因为孩子没办法自学。如果在玩具设计的过程中考虑了循序渐进的思路，也许就不需要老师了，孩子能够循序渐进地自学。

再接着看，第四关有这个表格，这个表格跟刚才的不一样，这是兑换表。这个代表小鸟，这个代表石头，孩子通过这个来找兑换表，找回再拼，思维的复杂性就不一样了。我们往往是直观地觉得，做拼图就是找一个答案，看到这个找这个，而不是找到这个再转换，这种符号转换对孩子思维的提高非常有用，简单讲就是学会分类索引，在网络上找资料的思想复杂性，会通过表面的信息，再找深层次的意义，再去做分类，这种转换的思维复杂性，孩子玩玩具思维的深度，比直观的会多一点点。这个玩具就厉害在这里，刚才给你们看到的运动玩具，要拿零件来组，对孩子思维的锻炼，学习分类、组成真的很好，这种思维观念到现在为止，做得最好的就是法国和以色列，美国的东西是很稳健、很科学、很好用，但是吸引力和创造力跟法国、以色列的相比还是差太远。

同样一套拼图，孩子在里面可以玩多久呢？我们在广州投放了这套拼图，孩子玩了两年多，他会玩以后，才进入真实的大班阶段，大班阶段就是孩子来设计游戏里面的符号，孩子重新组织、设计不同的符号，不用原来的符号。原来是圆形代表太阳，现在是孩子自己设计兑换表，孩子设计完，投放到这个区给别的孩子玩，这套拼图就有了无穷无尽的玩法。我举这个例子是想说明我们希望用一种玩具产生无限的游戏，这个理念不是我第一个提出的，从福禄贝尔的恩物，到蒙台梭利教玩具，都是这种思维。看老师在

区域中如何实际应用这套拼图（扫二维码 ）。

每一所幼儿园应该是有园本的标准玩具，不要经常换，但要经常教研怎么变化游戏？你的玩具是固定的，游戏不固定，经验能积累，幼儿园就不断提升。要能够积累专业经验，积累幼儿园老师的智慧，就必须有载体，载体就是玩具的标准化，玩具不标准化，永远没办法积累。玩具的标准化很简单，你不一定要买这个东西，你

就挑国产的比较好的雪花片，国产的好一点的拼插玩具，一定要好的，稳定的，用这些东西作为幼儿园的标准化玩具，再加一些简易材料，比如报纸、易拉罐，形成幼儿园的简易玩具标准库，从这个标准库再延伸教研出不同的游戏，教研以后存入电脑资料库。

二、三个进阶调控元素：规则设定，玩伴组成，老师介入

讲完基本调控元素，接着讲三个进阶调控元素，也就是：规则设定、玩伴组成、成人介入。

规则设定

经常有老师问我如何设定进区规则。我会反问老师："做饭怎样调味？"做饭怎样调味要根据具体情况来决定，同样的，进区规则怎样设定也要根据情况设定。这两者都是调控元素，老师是通过调整调控元素来达到某一个目标。假设老师希望通过进区规则建立孩子进区常规，可以安排孩子分组后按照先后顺序进区；假设老师希望孩子提高交往发展水平，可以要孩子先找到朋友，再和朋友一起进区……可是规则设定除了调控活动目标，背后还有更重要的教育意义。

遵守规则等同听话、服从命令的传统观念已经过时了，我们要知道规则的产生是自然人朝着社会人的发展过程产生的必需品。人类的社会发展是从没有文明的、每个人只为自己而活的个体到形成集体社会的过程，也是个体意识到"让集体更好才是真的好"的发展过程。更宏观地说，是体现个人选择"集体"身份的一个思考过程（俗语说的"选择好你的队"），是体现高度文明的"地球村""国际公民"等先进理念的基础。

我国建立国民规则教育的发展相对落后，虽然近年已经有一定的提高，但相比其他先进国家，我国国民的社会意识、集体意识还是偏低，至于是什么原因我们就不去追究了。我们展望未来，探讨怎样才能让下一代的社会意识跟得上世界最优秀的国家，希望我们的孩子长大后不是"想怎么样就怎么样"，也不只会"乖乖地服从规则"。

我们更希望我们的孩子能够理解遵守规则后面的意义，希望他不管到什么地方都能够"既有自己独立思考的能力，又有自我约束的能力"。懂得选择适合自己的集体，参与制定并遵守该集体的规则，然后通过在集体里对世界的贡献来建立内心的自我正面形象，能够做到这样，孩子以后不管在世界上任何一个环境中都能得到别人的尊重和自我内心的祥和。

可见设定规则不但是为了方便组织孩子和建立常规，让孩子建立规则意识、理解规则背后的意义和各种表述方式也是一种重要的教育，所以设定和表述规则也体现了老师的教育教学水平。老师应该不厌其烦，不断告诉孩子建立规则的目的是为了让集体更好。例如："设定这些规则，是为了让班级里每一个人都更开心、更舒服、更安全、更方便"。

区域活动的规则包含了进区规则和游戏规则。进区规则就是安排孩子怎样进区，分为三部分：进区、换区、结束。游戏规则是孩子进行游戏的规则，例如选择材料的范围，游戏规则还可以分为单一规则和复合规则。

我看过有些幼儿园在游戏时间内允许孩子完全自主去玩，就是在某一时间段，孩子完全自主选择区域和换区，想怎样玩就怎样玩。有些幼儿园还允许孩子不用收拾玩过的物品，认为这是充分体现自主和探索。但是我个人比较喜欢循序渐进地建立完全自主探索，我不是不同意最后可以完全给予孩子自主，但是这应该是在孩子建立足够的规则意识以后。和国外不一样，根据国内孩子多、空间不足的环境现状，这种一开始就完全"放羊"的探索方式不适合。而且我认为在国内的环境下，从小正确建立规则意识是非常重要的，毕竟自主探索不是幼儿教育的唯一目标。

大部分规则制定包括了时间、空间和人数的组合，就是说规则里面应该包含这三个参数。虽然有时候教师能够意会这句话，但是我认为对于低幼阶段还是尽量具体说明。

例如这两个进区规则的例子。老师说："首先苹果组先进区，选择好区域后，香蕉组就可以进区"；老师说："首先苹果组进区，但是苹果组今天不要选择美工区，然后是香蕉组进区，但是香蕉组不要选择建构区"。

"首先，然后"就是时间参数，进哪个区，不进哪个区就是空间参数，选择哪个组就是人数参数。通过这两个规则，应该很清楚地体现了这三个参数。老师给规则指令的时候，经常要反思这三个参数是否表述清楚了、三个参数的组合原因是否清晰。例如刚才的例子，为什么苹果组先进区？为什么苹果组不可以进美工区？为什么香蕉组不可以进建构区？老师是否有思考？是否有自己的道理？老师有思考的习惯很重要，想错了不怕，假如没想法就永远不会进步。

简单的进区规则可以由老师安排分组，或者是轮流选择，也可以是在每天早上晨谈的时候做计划。简单的换区规则可以让孩子在完成活动内容后举手告诉老师，也可以设置允许换区的次数。简单的结束规则可以是提前十分钟让孩子抓紧完成作品和收拾整齐，也可以对首先进区的几个孩子进行奖励，并奖励有进步的、懂得帮助别人的孩子等正面典型。

除了这三个参数，老师还可以利用比较复杂的规则，促进孩子的能力发展。经常用到的是记录和统计，例如要孩子做每周进的记录，然后根据这个记录来决定下周的进区安排。特别是有些老师安排了"必学区"，这种记录方法不但可以在相对自主的条件下平衡孩子在各种区域的活动，还可以促进孩子自我规划的能力。至于按照什么要求去调整，就需要老师根据发展目标来制定。

以下是一个比较复杂的进区规则案例：

区域采用社会体验模式，每一个区体现一种职业，不同的职业有不同的标准，标准就是梦想珠的数量。孩子每天做了正能量的事情就可以获得星星（集体评价），累积5颗星星可以换1个梦想珠。每个梦想珠还可以兑换20块"钱"。

"钱"是道具，可以存进"银行"。于是每个孩子就有了一个自己制作的存折，记录自己的银行存款。银行也有流水账目记录。孩子可以到银行"提款"，然后到区域"消费"。

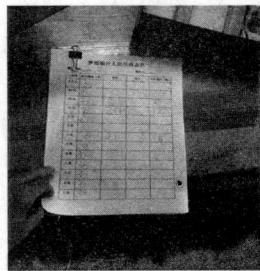

每天负责管理银行的孩子要核对"存款"和银行"现金"，保证账目正确。

通过这个案例，老师应该很清楚，规则的设定除了可以建立和内化规则意识，还可以带给孩子更高层次的目标发展。

玩伴组成

发挥玩伴之间的相互影响，是促进孩子发展的最有效方法。例如同样的区域材料在不同玩伴的启发下就可能会有新的玩法。而且在交往过程中，带给孩子很多很有价值的经验，例如：相互学习，相互欣赏，学会和不同的孩子交往，知道什么时候该妥协、什么时候要坚持等等。特别是现在的孩子少有兄弟姐妹，甚至缺少社区玩伴，孩子的家庭环境欠缺足够的交往经验。所以幼儿园尽量丰富孩子之间的交往经验，对孩子的未来发展很有帮助。

老师为孩子组成玩伴的方式有四种：让孩子有计划地自主；安排环境让孩子随机性自主；老师有意识地引导；老师有目标地安排。

有计划地自主选择玩伴，意思是让孩子提前做选择玩伴的计划。例如让孩子在早餐后、晨谈前商量邀请玩伴作餐后活动，这也可以促进孩子社会交往的思维发展和技巧。也可以让孩子提前一个晚上预约玩伴，这样更可以丰富孩子离园后的社会发展。这种安排比较适合高幼孩子（这种离园后延续教育教学是我原创的"家园同步共育"课程的一部分）。

老师在引导孩子选择玩伴时，应该运用正向描述技巧来轮流突出每一个孩子的亮点，特别是那些偏内向、缺少朋友的孩子。例如："某某很会画画，如果可以和我一起在美工区画画，我就可以跟他学习。"这种正面描述可以提升孩子的自我形象，促进孩子之间互相欣赏，慢慢培养起对别人作正面评价的习惯。

安排环境让孩子随机性自主，意思是让孩子在区域空间里随机地选择玩伴，这是最传统的做法。但是老师其实是可以有计划地安排可选择的孩子的。那种传统的、局限孩子只能在所就读班上选择玩伴的做法已经过时，现在越来越多的幼儿园采用了我十几年前提倡的走班区域模式。所谓走班，就是每个班只有一两种区域，例如一班全部是美工活动，二班全部是建构活动，三班全部是角色游戏……如此类推。然后在进行区域活动的时候，孩子可以走到不同的班上进行活动。这种安排除了可以减少班级之间的重复资源投放，还可以促进老师的专业成长（因为集中精力长期专注于某一个活动内容领域），还可以扩大孩子们选择玩伴的范围。孩子好像是随机性自主选择玩伴，其实相对于传统的安排，这种新的安排形式扩大了孩子可选择的范围，等于促进了孩子的社会交往发展。这种安排也比较适合高幼孩子，毕竟低幼孩子首先需要熟悉的环境，包括玩伴、建立安全感和基本的交往能力。

除了走班产生的混班模式，老师还可以定期邀请不同家长进区作为玩伴，孩子就可以认识某某小朋友的父母，"某某小朋友是我好朋友，我也可以邀请他的爸爸妈妈一起玩。如果他们没有玩过，我还可以教他们怎样玩。"

如果想简单一点，老师还可以固定时间——例如每周五——安排全部推选出来最合适的小老师在不同区域作指导，这位小老师固定在该区域，其他孩子轮流进去和他一起玩，学习他的心得。这种安排也是设计环境让孩子随机性地自主进区和不同的小老师交往。

所以老师只要多动脑筋，用好身边的资源，思考一些点子，运用这种方式丰富孩子选择玩伴的思维就是这样简单。

老师有意识地引导孩子找玩伴，意思是老师直接引导孩子，例如："某某，你今天要不要和小明一起玩？虽然他画画很好，但是今天你们玩的建构区还是你最擅长。今天你和他一起玩，下次去美术区他又可以和你一起玩，互相学习多好！”

由于只是引导，要允许孩子拒绝。但是主要目标是引导孩子学会欣赏别人，建立更具体的互补思维模式，同时和有不同特点的孩子相处交往。这种做法比较适合小班下学期和中班孩子。

通过老师有意识地安排，意思是由老师来分配玩伴，孩子没有选择权。可能看到这个安排，很多人就会说这样是违背了"孩子自主"的原则。但是我的观念是幼儿教育应该是循序渐进地发展，首先让孩子在小范围内具备一定的能力，然后再扩大范围，让孩子自主发展。假如新生入园就让孩子完全自主地去交朋友，估计需要经过很长时间的错配打闹才可能帮助孩子建立起交往能力。如果老师缩小范围，让孩子首先和固定玩伴循序渐进地交往（参考空间规划部分的六人桌的内容），孩子就能很快熟悉该玩伴，而且在这个过程中可以相对有效地建立交往经验，然后就可以运用这些经验去结交新玩伴。

除了以上的作用，有时候为了帮助插班生或者发展比较慢的孩子，老师可以直接安排班里能力比较强的孩子去做玩伴照顾他们。

玩伴的选择也是老师观察孩子发展记录的一个内容，正常孩子应该是和某孩子交往一段时间后，就贪新忘旧地去找新玩伴。这是正常发展，因为孩子需要新鲜感去促进其交往能力的持续发展。所以老师在观察孩子活动的时候，可以注意孩子玩伴的变化，经常频繁更换玩伴固然不正常，但是很长时间都没有更换玩伴、只有单一的玩伴，也是需要关注的。

玩伴为什么是进阶的调控元素？因为玩伴的经验在不断变化，随着在家庭得到的新经验和在幼儿园得到的新经验，玩伴对孩子的影响是动态的，而且是相互影响的，所以和材料、空间不一样，掌握的要求比较高。

更高水平的老师明白了以上道理，就知道玩伴背后的意义更多的是孩子家庭带来的经验。于是可以再次发挥"家园同步共育"课程的理念，运用家庭教育为孩子铺垫不同的经验作为交流的基础。例如，下周娃娃家活动的内容重点是做饭，老师可以通知父母周末做饭时安排孩子在厨房观察，父母加以讲解，这样每个孩子都获得了自身家庭做饭的经验。由于不同家庭的做饭经验会有些差异，例如在移民城市，像深圳，来自北方和南方的家庭的做饭方式更是很不一样。于是孩子就会在父母的引领下，得到不同的做饭经验。当和玩伴一起玩的时候，这些不同的经验就可以产生更有效的碰撞和交流，达到幼—幼互动、相互丰富经验的效果！所以玩伴组成是一个非常有威力的调控元素。

老师介入

是六个元素中的最后一个，也是专业要求最高的元素。老师在之前五个元素的介入是间接的，是通过预设环境来促进孩子发展。这里说的老师介入，指的是老师在区域活动中直接和孩子的交流、交往。

　　在区域活动过程中，老师除了观察记录，偶尔也需要进入区域直接和孩子互动交流。也有些老师会把其中一个区作为学习区，在这个学习区里有一名老师驻守着，孩子轮流进去上课。这种安排应该理解为区域活动和分组学习的结合，不是我这里说的是老师在区域活动时的直接介入。

　　老师在区域活动时需要直接介入的情况主要有：处理孩子之间的争执；提升孩子的活动质量；帮孩子归纳活动经验。

　　经常看到区域活动的时候，有的孩子过去找老师告状。孩子形成这种习惯是由于老师过于主导班级行为的评价，没有帮助孩子建立对规则的独立判断标准。如果班上有这种情况，建议老师学习下我主编的《幼儿常规建立的道与法》。对于孩子的日常争执，我给老师的建议是对低幼孩子只要把类似"我们是相亲相爱的好朋友"，"如果老师是你们，就会想办法让大家一起玩得开心"这种正能量的语言常态化。

　　高幼阶段的争执才需要讲道理，但也不用上纲上线地讲大道理，只要不断重复建立孩子独立判断的价值观，告诉孩子大家都是这个班上的成员，所以"集体好，每一个好，才是真好"。

　　所谓提升孩子的活动质量，可以理解为"教孩子一种新的玩法"，这种新的玩法的最理想情况，是对之前进行的游戏进行小变化。例如两个孩子各自在玩拼图玩具，但是玩了一段时间没什么新意，有换材料进行其他活动的动机。老师看到就可以过去介入，帮助孩子继续在拼图活动中延续经验建构。因为在一次的区域活动时间里，相比不断更换材料和玩法，孩子在一个活动中继续深化玩法会获得更好的经验建构。

　　首先普及一下游戏专业知识。老师必须能够理解，游戏内容和游戏方式是两个概念。游戏内容就是具体玩什么，例如玩拼图玩具，玩几块积木，甚至是右手玩左手的手指。游戏方式（怎样玩）就是如何玩这些内容。例如同样是右手玩左手的手指，可以是简单的数手指，也可以是教孩子手指做菜活动：切切菜（两手小指相勾，无名指和中指并起，向下切）；擀擀面（无名指、中指弯曲，食指向两边运动）；包包饺子（三指并起，上下运动和拇指相碰）；捣捣蒜（两手小指相勾运动拇指）。然后老师随机给指令，孩子根据指令做出动作反应。

　　最简单的提升游戏的方式有：轮流、接龙、寻找。轮流的意思就是让孩子轮流做，例如上文中说的各自在玩拼图的两个孩子，老师可以把两套拼图的碎片混合，然后引导他们轮流取拿碎片组装拼图板。这样就在原来的游戏内容（这两套拼图）的基础上提升了难度，同时提升了孩子的游戏经验。

　　引导低幼和高幼是有很大区别的。对于低幼，尽量运用参与式活动，重复新游戏的关键点，同步描述关键词，意思是在做该关键动作的时候描述关键词。其他与游戏无关的语言尽量别说，包括那些"好棒、很好、很本事"。引导高幼就不一样了，可以多用语言，刚开始时老师甚至可以一步步描述，引导孩子去理解并执行。

但不管是高幼还是低幼，提升孩子活动质量最有效的方法就是跟孩子一起玩。最不专业的方法是用教学方式指导孩子怎样玩。

帮孩子归纳活动经验的意思是，当孩子玩得差不多的时候，帮孩子整理归纳一下之前玩过的经验。简单说，就是帮他找出他刚刚做的事情的亮点，让孩子理解这件事情背后的意义和价值。例如："老师看到你刚才很努力、认真地搭了一座五层高的大厦。"

除了归纳经验，也可以是提升经验。老师可以用提问的方式来引导孩子对刚刚做过的事情进行更多的思考。例如："你刚刚搭的这座大厦想增加几层？最后变成几层？"所以归纳就用描述性语言，提升经验就用引导性提问。

不管是归纳经验还是提升经验，都应该包括品格类和认知概念类的语言。

提升描述性语言水平的方法是定期和班级老师一起写一张关于孩子的正能量词汇清单，背熟并应用。这些词汇描述的不一定是孩子现在就做得很好的，而是老师认为孩子需要发展的目标。我是比较重视品格类的，例如"认真、能力、帮助别人、很整齐、收拾得很干净、很有想法、很诚实、会欣赏别人的优点、会学习别人的优点"等等。

关于引导认知概念发展的提问，主要技巧是凝聚提问和假设性提问。例如，老师可以问："你这个火箭是要去哪里？"孩子回答后老师可以接着问："从哪一个国家出发？"孩子回答后再问："从哪一个城市出发？"这就是凝聚提问。也可以问："假如你在火箭里遇上流星雨，你会怎样控制这个火箭？"

最后提醒老师，找准时机进行引导很重要，只要孩子在坚持专注于活动，先别打扰他，要等孩子停下来后再介入引导。

第八章
在区域活动中通过观察、评价体现
个性化教育

一、在区域活动中观察和记录孩子行为的策略与方法

二、根据记录评价孩子发展的原则与方法

三、根据评价分析、设计下一步教育措施

四、观察评价的基本功：解读幼儿行为和间接、直接教育方式

这一章将掀开个性化教育的序幕，通过这一章的内容，教师可以朝着幼儿教育的终极方向发展——实现幼儿的个性化教育迈进。

这一章讲的内容所要实现的目标和第七章讲的教师立即现场直接介入指导是不一样的。虽然直接介入也牵涉到教师在现场立即观察、分析和执行教育措施，但是并没有客观的资料分析，也没办法对介入前后孩子的表现作长时间的对比，所以两者的作用是不一样的。观察记录就像在医院拍片，是为了留下资料，作为后续分析和制定教育计划之用。

新西兰的学习故事课程（Learning Story）就是以观察、评估和计划来实现个性化教育的案例。这个课程的特点是让教师不断思考这三个问题，在思考和回答这三个问题的过程中促进教师所需的各种专业能力的提高：

①孩子在做什么（What happened）？

②孩子在这个过程中学到了什么（这个学，不是知识性的学，是经验获取）（What learning）？

③教师下一步该做什么去帮助孩子得到更好的发展〔What's next（plan）〕？

可是新西兰的幼儿园（严格来说是给 5 岁以下孩子提供的 Preschool）一般就 50～80 个孩子，每个班级里可能也就 8～12 名孩子，人均空间比大陆的幼儿园多很多。另外，孩子的家庭教育、整体社会素质等都比大陆高，更不要说课程简单有效，没有那么多啰唆的杂事……所以新西兰教师组织孩子进行自主活动的难度不高。

而在大陆，幼儿教师想落实解决新西兰教师的那三个课程问题之前，需要过五关斩六将，其中最关键的就是落实第二章和第三章内容的核心精神：在中国幼儿园孩子多、空间不足情况下，打造孩子的自主活动安排，把教师从传统的组织孩子的工作中解放出来。做不到这一点，老师是不可能有时间进行个性化教育任务的。这也解释了为什么区域活动是唯一可以实现先进个性化教育的课程模式，也说明了为什么我在第八章才讲这个内容。

除了班级里孩子比西方幼儿园多以外，师幼安排的不同也带来不一样的思考。和新西兰等西方国家不同，中国幼儿园老师和孩子是密切生活一起的，甚至长达三年。而西方国家一般是每年换新老师，而且师幼在生活中的接触是零散的，所以对西方国家的幼儿园老师来说，孩子的档案对了解接手的新班很重要。一个孩子的档案，可能需要好几个老师经手使用。观察记录档案的严谨和标准规范性非常重要。

还有西方国家严禁对孩子贴"负面标签"，情况严重的甚至会被起诉。所以西方国家的幼师在生活中对孩子的"负面标签"作用没有中国幼师严重。中国幼儿园的这种师幼紧密生活在一起的安排，带来的负面问题是容易导致幼师在生活中对孩子产生主观性的印象和评价，所以我认为在中国幼儿园进行观察评价的其中一个价值是"让教师可以更客观地重新了解孩子"。

要配合区域活动的应用来实现观察评价达到个性化教育，幼儿园教师的专业知识也需要做出调整。传统培训幼师的那些类似小学化的组织孩子上集体课的专业，已经不足以满足区域活动的教育教学需要。幼师需要更符合现代儿童心理学的师幼互动语言技巧、更细致的引导技巧、更有效的游戏方式和更可以体现个性化教育的观察评价方法。最后才可以实现"观察、评价和制定下一步教育计划"的个性化教育流程。

要实现"在教师组织孩子层面——实现轻松分组地组织，促进孩子自律意识"，教师就需要懂得如何调控区域中的元素（第七章讲解的内容）和懂得运用"自主"来正确建立孩子的自我形象和集体意识。这可不只是服从于老师这么低级粗暴的要求，而是通过正确建立集体观念打造健康人格的基础！

要实现"在孩子能力发展层面——实现教师的教练角色，充分体现孩子做中学的效果"，教师就需要拥有促进孩子认知概念发展的引导意识，以及促进孩子持续能力发展的游戏专业能力，还有就是观察和评价孩子的意识和能力。

要实现"在课程质量提升层面——实现发展目标全面化，在各种活动中相互渗透发展目标"，教师需要的是更科学有效的备课和教研模式（请参考第六章讲解的内容）。

在这一章，我会讲解在前面两点的基础上，如何实现个性化教育。第三点将在下一章进行深入讲解。

一、在区域活动中观察和记录孩子行为的策略与方法

能够让孩子自主进行区域活动后，老师就可以开始观察孩子。老师要不断问自己：谁观察谁？在哪里观察？观察什么（行为转折点）？观察多久？怎样记录？

理论上每个孩子都应该观察到，因为观察的目的是给予老师对孩子客观认识的基础，观察记录孩子的行为表现和在医院拍片的道理是一样的，就是制作一些反映真实情况的资料作为分析孩子的依据。理想的情况是对每一个孩子都可以进行周期性的观察，但是观察记录不但需要充裕的时间，客观的记录还需要老师有安静的心态和情绪才可以，所以实际上不是每一位老师都可以经常性地具备全面观察记录孩子的条件。

所以退而求其次，我建议不具备充裕时间的老师这样来安排：把对行为和学习发展没大问题孩子的观察记录当作健康人士的常规体检，周期可以长一点，用来发现和客观分析老师平时没有注意到的问题。对发展落后的孩子则采用比较短周期的观察记录方式，配合教育方案来进行快速改善。这时候，孩子的观察记录档案就体现出非常重要的作用，老师要根据上一次观察记录的档案资料来延续或制定此次观察的重点。如果是新生，可以先对他进行一个全面的观察评价。

当然我说的短周期最短也应该是两三周或以上，毕竟如果没有两三周的个性化教育安排，孩子是不可能产生明显变化的。但如何判断发展"落后"的孩子的依据应该是采用简单的发展量表或者与《指南》发展目标的对比来进行客观分析，而不是凭感觉。而且必须理解有时候孩子的所谓"落后"，只是学习规律和其他孩子不一样而已。所以进行观察记录之前，老师的专业素养必须达到一定的水平。

观察和记录孩子的老师可以是固定的一位老师或者是两位老师轮流进行，或者是以前者为主，偶然轮流。固定老师的好处是熟悉孩子，进行观察的维度比较好掌握，但是缺点是可能会带有主观意识，局限了观察的维度。所以偶然换一个不熟悉孩子的老师来进行观察，可能会对孩子的发展有更客观的了解。

另外一种观察安排是小组观察，意思是对整个区域内的孩子都进行观察，老师以流水账的形式记录整个区域内孩子的情况，区域内一般3～5人。这种对小组多人进行观察的形式对老师的专业能力要求很高，我建议采用录像辅助。

在哪里观察？理论上应该是在孩子真实自主活动的环境下进行观察，特别是在没有成人干扰（例如大人指导和表扬等）的环境。所以在生活中或者区域活动时、自主户外活动时都是观察孩子的合适环境。

也有说法指出不同区域的条件对孩子的行为会产生影响。但是按照《指南》所说"要注重学习与发展各领域之间的相互渗透和整合区域活动"，还有国内外的幼儿教育理

论"不管哪个区域活动，只要是活动导向而不是学科导向，孩子在任何一个区域活动都应该体现各种学习与发展领域的行为"，所以理论上，只要孩子是自主活动，老师在任何一个区域都可以进行一般发展观察记录。不过由于不同区域的活动还是具有不同的发展特点，例如角色游戏和建构活动就更能够反映孩子的社会性发展，美术活动中自由创作的作品可以更全面地反映孩子的认知概念基础，所以老师如果有特定观察内容目标，可以安排相应的区域活动。

观察记录过程中尽量减少老师带来的间接干扰，尽量避免让孩子感觉到老师在观察他，老师应该尽量"隐形"。老师可以在稍微远一点的位置观察，甚至在教育引导方面也应该做出调整，因为观察的重点是了解孩子，所以如果当时的任务是"观察记录"，老师对孩子施加的行为和平时应该有所区别。

假如孩子做完作品给老师看，老师平时的回应可能是："宝贝，很好呀！可以再做一个大一点的作品吗？"到那时孩子再做更大一点的作品的行为就不是真实的自主行为，这个记录就不代表孩子的真实情况。所以在观察记录的时候，老师可以用重复回应或者描述回应的方式来回应孩子。例如，孩子说："老师，我串了一条项链给妈妈。"这时老师可以重复回应："哦，你串了一条项链给妈妈。"这种回应才不会影响孩子接下来的行为。所以在观察记录期间，老师对孩子的回应和平时教育孩子的引导用语是不一样的。

观察记录什么？理论上记录应该是流水账一样的记录孩子的行为表现，毕竟记录者不一定是以后的分析者，所以必须客观，就像医院拍片子的目的一样，在记录时是不进行分析评价的，只是"如实"记录。我给如实加上了引号，因为不可能完全"如实"。就算拍录像，从不同的角度看到的情况也不一样，只能够尽量"如实"地记录。

要"如实"记录，首先在观察记录的过程中不要使用那些主观性的字眼：

带有标签性的词语，如：很害羞……
体现孩子想法的词语，如：孩子想去做……
带有评价性的词语，如：做得真好……
带有表扬性的词语，如：真漂亮……
带有负面性含义的词语，如：没能力……

老师尽量用客观"如实"的描述，例如描述孩子的表情是在微笑，但是不可以记录为孩子很开心。

以下是一个主观记录和客观记录案例对比。

观察对象：张淇　　　　　班级：小熊班　　　　　记录人：蔡老师

观察时间	观察内容
2015 年 3 月 4 日	9：20am 巧巧在做橡皮泥的工作，很努力但是橡皮泥的盖子打不开，这时张淇站在她的旁边，巧巧问："张淇你能帮我打开吗?"张淇很乐意："好啊!"于是拿起盒子开始想办法打开盖子。努力了好一会盖子还是没有打开。只见她走到筷子夹旁边，很聪明地拿起一根筷子又走回巧巧的身边，开始用筷子撬装橡皮泥的盒子的盖子，撬了好几次还是没有把盖子打开。 9：23am "我来帮你打开吧"站在张淇对面的许曦文说。于是张淇把橡皮泥递给了许曦文。许曦文把盖子的边缘压在桌子的边缘上，用力压下罐子，一下就打开了。然后许曦文把橡皮泥盒子给了张淇，张淇很有礼貌地说："谢谢"，很开心地接过了橡皮泥，转身递给了巧巧。

观察对象：张淇　　　　　班级：小熊班　　　　　记录人：蔡老师

观察时间	观察内容
2015 年 3 月 4 日	9：20am 巧巧在做橡皮泥的工作，但是装橡皮泥的盒子的盖子打不开，这时张淇站在她的旁边，巧巧问："张淇你能帮我打开吗?"张淇："好啊!"于是张淇拿起盒子开始开盖子。努力了好一会盖子还是没有打开。只见她走到筷子夹的旁边，拿起一根筷子又走回巧巧的身边，开始用筷子撬装橡皮泥盒子的盖子，撬了好几次还是没有把盖子打开。 9：23am "我来帮你打开吧。"站在张淇对面的许曦文说。于是张淇把橡皮泥盒子递给了许曦文。许曦文把盖子的边缘压在桌子的边缘上，用力压下罐子，一下就打开了。然后把盒子给了张淇，张淇说"谢谢"，接过了橡皮泥转身给了巧巧。

观察多久？要不要录像记录？我一般针对特定对象观察 15～20 分钟，如果不是很重要的个案，一般是采用文字和照片记录。如果是很重要或者难度很高的观察个案，我会采用录像的形式。录像的好处是以后可以慢慢再看、反复看，缺点也是必须慢慢重复看，很耗时间。

二、根据记录评价孩子发展的原则与方法

除了客观"如实"的文字描述，另外一个最考验老师专业能力的是选择记录孩子行为的哪一个点。因为同样一个孩子的行为，在一个老师看来是值得记录的点，另外一个老师可能就会错过。这种抓捕孩子行为"转折点"的能力是行为分析的基本功。

我们来试一下以下短片里你们看到的"转折点"和我看的是否一样。有兴趣的老师

可以直接做一个记录，然后和我的纪录来做个对比（扫二维码看录像　　　）：思维

馆拼摇马个案。

在这个案例里，我会用时间序来记录，所谓时间序就是用时间顺序来记录关键事情，可以采用直接的时间记录，例如 AM 9：15，也可以用相对时间序，就是开始记录为 0 分 0 秒，然后到了 8 分钟发生什么事情。一般情况是纪录真实时间，但是有时候做录像分析没有真实时间，这时就用相对时间。就这个录像来说我会这样做记录：

00：19 对象孩子在组装积木，孩子问老师问题，老师取过孩子的玩具问："你拼出来没？"孩子说："我不想拼两层。"老师问："你想拼几层？（因为老师给的任务样板是一个两层厚的小马模型）"孩子说："不是啦，我只是想把旁边那个……旁边可以摇的那个杆呀……"老师："哦，我知道啦，就是可以扶手的那两个吧，可以呀！"

00：36 孩子用蓝色、蓝色、绿色三块积木组成右边的把手，然后拼了蓝色、蓝色两块积木的左边把手。

01：19 孩子接着拿了一块蓝色的积木，看了作品一眼，把蓝色积木换成了一块绿色积木。

01：24 孩子将绿色积木组装进左边的蓝色把手，尝试了很多次不同的组装方式。

01：40 孩子最后成功地把绿色积木组合起来。

01：41 孩子带着笑容摇了木马作品。

在 01：19 可能有老师把这个"孩子接着拿了一块蓝色的积木，看了作品一眼，把蓝色积木换成了一块绿色积木"的细节遗漏。在 01：24 也可能有老师没有注意到孩子"……尝试了很多次不同的组装方式"。

所以观察能力是需要大量训练才可以提高的，也是现代幼师所需的专业能力的体现。我一般建议老师多看看孩子，找"转折点"。所谓"转折点"就是规律行为的一个改变点。例如孩子将蓝色积木换成绿色积木，假如孩子第一次就是找到绿色的积木组装进去，这个就不是"转折点"，而是常规的规律行为。

这样的文字记录能够相对客观地给予第三者当时情况的说明，或者当以后记录者印象模糊时，能够清晰地了解当时的情况。

观察记录的能力也是一项专业能力，专业能力需要花精力去训练，多锻炼，没什么秘诀。训练方法可以从一个比较复杂的录像开始，不断去"磨"，"磨"的意思是几个老师不断重复做，大家不断探讨同一段录像应该怎样记录，这样专业能力就会逐步提高。

有了记录，老师可以评价孩子的发展情况。最基本的做法是按照《指南》里面的发展目标来评价孩子。可以做一个简单的表格把观察记录、评价和制定下一步计划放在一起，比如上文的案例可以这样写：

对象：

观察记录 （老师：地点：时间：）	行为分析 （老师：时间：）	对应《指南》 的目标	下一步计划 （老师：时间：）
对象孩子在组装积木，孩子问老师问题，老师取过孩子的玩具问："你拼出来没？"孩子说"我不想拼两层。"老师问："你想拼几层？（因为老师给的任务样板是一个两层厚的小马模型）"孩子说："不是啦，我只是想把旁边那个……旁边可以摇的那个杆呀……"老师："哦，我知道啦，就是可以扶手的那两个吧，可以呀！"	对象孩子有自主想法，同时会征求老师同意。 对象孩子的语言表述不够完整和连贯。	**体现《指南》目标的具有自尊、自信、自主的表现**：能按自己的想法进行游戏或其他活动。 **未能体现《指南》目标语言方面的愿意讲话并能清楚地表达**：讲述比较连贯。	
孩子接着拿了一块蓝色的积木，看了作品一眼，把蓝色积木换成了一块绿色积木。	对象孩子有对称意识	**体现《指南》数学目标的初步感知生活中数学的有用和有趣**： 能发现和体会到按一定规律排列的物体比较整齐、美观。	
将绿色积木组装进左边的蓝色把手，尝试了很多次不同的组装方式。	对于中班孩子来说，手的灵活性偏低。	**未能体现《指南》健康目标动作发展的手的动作灵活协调。**	

　　《指南》是最基本的要求，翻阅《指南》并多做几次行为分析就很容易熟悉《指南》的内容。以后几乎可以边观察边分析。

　　对于分析我还有一些个人意见，就是一些评价的原则。就上面这个纪录片段来说，你会怎样评价这个孩子？不同的人可能会有不同的评价，说得深刻一点，评价标准甚至体现了国家文化的差异。所以我认为实现通过教育传承中华文化的其中一个方式就是评价孩子发展的价值取向。

　　西方文明和中华文明最大的分歧是个性化还是集体性，简单说就是西方追求单一突出，中国追求整体性平衡。所以在西方评价体系中，分析孩子、做观察记录更多的是以孩子个人活动的需要为出发点。而中国文化应该更多从整体性发展，这个就是水桶理论和钉子理论的不同观念。木桶理论的意思是，决定一个水桶盛水量的是最短的那块木板，不断加长原来已经是最长那条木板对盛水量的增加没有帮助，反而把最短那条木板改长，盛水量就增加了。钉子理论认为，有一个强项就可以突破。两者的不同源自文化差异，中国文化讲究包容、退让、协调、集体。我认为应该从全面考虑孩子发展的需要来进行分析。

除了按照《指南》的内容来分析孩子的行为，有时候还需要进行更加专业的心理分析，特别是孩子的行为可能会导致严重差异的问题。我曾经分析过很多有生理和心理问题的孩子，其中一个孩子甚至会在活动室中大小便，而不去厕所大小便。最后找到的原因是父母的支配行为严重，从而导致孩子在生理上潜意识地采用了对抗性反应。

社会经验和心理专业对分析很有用，建议老师们多看专家和名人著作，了解在《指南》的要求以外，其他的专家和名人怎样去定义社会未来的人才。

三、根据评价分析、设计下一步教育措施

孩子的发展档案在观察评价中是一个非常重要的角色。每个孩子的档案内应该有一份周期性的评价表，周期长短根据老师情况制定。老师使用新的实时记录和上次的评价记录作分析，分析结果便成为新的评价记录。

每天孩子离园后，老师可以安安静静把今天观察对象的档案拿出来，做好当天的分析总结，然后和之前的档案进行对比。我在上文中说过，每一次进行观察前，应该先参考上次观察后的记录，等于是医生看病人之前要翻一下之前的病历一样。这样就可以比较精准地跟进孩子的发展。当然老师每一次观察的时候要察觉孩子除了档案记录的内容以外，还会不会有其他方面的发展帮助的需要。

有了新的评价记录后，老师便能够为这个孩子设计个性化的教育计划，这些工作的目的是为有个体差异的孩子提供符合发展需要的教育。孩子 A 可能数学发展超前，但运动发展落后，孩子 B 可能学科没有问题，但社会交往能力不成。老师就可以按照记录为孩子进行发展帮助，就算换了老师，也可以通过档案资料来了解孩子。老师根据新的评价结果，制定这个孩子的个性化教育计划，实施计划后，在下次观察时便可以看到成效，并再次作出调整。

什么是个性化计划？看到孩子的发展特点后，应该怎样设计教育计划？首先要尽量避免的是用"直接说教"的方法。"直接说教"只会让孩子知道要求，可是做不到。"说教"在幼儿阶段的教育效果等同用"投影录像"来教游泳一样，结果是很会说怎样游泳，但是还是不会游泳。老师可以采用第七章里面的六种方法来调控孩子的发展重点，也可以采用《指南》里的教育建议来落实。只要把《指南》中的教育建议的具体时间、地点、人物、内容明确下来，就非常容易操作。

用上文的例子，关于孩子语言表达不连贯的问题，《指南》中的教育建议非常清楚：

引导幼儿清楚地表达。如：

和幼儿讲话时，成人自身的语言要清楚、简洁。

当幼儿因为急于表达而说不清楚的时候，提醒他不要着急，慢慢说。同时要耐心倾听，给予必要的补充，帮助他们理清思路并清晰地说出来。

　　按照这个建议，当孩子没有很好地表达时，老师应该帮助孩子连贯地说出想法。做法很简单，老师了解孩子的想法后，用连贯的语言示范给孩子，然后要孩子模仿重复说。多次重复后孩子自然就掌握了。

　　关于手的动作不灵活的问题，《指南》的教育建议是：

　　创造条件和机会，促进幼儿手的动作灵活协调。如：

　　提供画笔、剪刀、纸张、泥团等工具和材料，或充分利用各种自然、废旧材料和常见物品，让幼儿进行画、剪、折、粘等美工活动。

　　引导幼儿生活自理或参与家务劳动，发展其手的动作。如练习自己用筷子吃饭、扣扣子，帮助妈妈摘菜叶、做面食等。

　　幼儿园在布置娃娃家、商店等活动区时，多提供原材料和半成品，让幼儿有更多机会参与材料制作。

　　简单地说，就是平时用手操作不够多。

　　按照《指南》的建议，通过上文的观察记录可以制定下一步的计划：

观察记录 （老师：地点：时间：）	行为分析 （老师：时间：）	对应《指南》 的目标	下一步计划 （老师：时间：）
对象孩子在组装积木，孩子问老师问题，老师取过孩子玩具问："你拼出来没"，孩子说："我不想拼两层"，老师说"你想拼几层？"（因为老师给的任务样板是一个两层厚的小马模型。）孩子说："不是啦，我只是想把旁边那个……旁边可以摇的那个杆呀……"老师："哦，我知道啦，就是可以扶手的那两个，可以呀！"	对象孩子有自主想法，同时会咨询老师同意。	体现《指南》目标的具有自尊、自信、自主的表现：能按自己的想法进行游戏或其他活动。	加强教师活动设计的自主性，采用更多咨询的语气来增加宽松的气氛，达到促进孩子更好的自主发展。
	对象孩子语言表述不完整和连贯。	未能体现《指南》目标语言的愿意讲话并能清楚地表达：讲述比较连贯。	老师和孩子交流时候，必须等孩子连贯清楚地表述之后才给反应。刚刚开始时老师可以给孩子作示范。
孩子接着拿了一块蓝色的积木，看了作品一眼，把蓝色积木换成了一块绿色积木。	对象孩子有对称意识。	体现《指南》目标数学的初步感知生活中数学的有用和有趣：能发现和体会到按一定规律排列的物体比较整齐、美观。	操作材料中增加更复杂的零件，例如丰富形状、颜色的不同，从而满足孩子发现更复杂的规律排序操作。
将绿色积木组装进左边的蓝色把手，尝试了很多次不同的方式才组装进去。	对于中班孩子来说，手的灵活性偏低。	未能体现《指南》健康目标动作发展的手的动作灵活协调。	通过增加区域活动的操作性来增加孩子动手操作的经验。同时建议父母让孩子参与家务劳作。

通过以上例子，老师应该可以看到参考《指南》的教育建议后，只要灵活变通，非常容易延伸出可操作的教育计划。记住"可操作"非常重要，"可操作"就是"具体化"，越具体的安排越好操作。"具体化"其实就是把时间、地点、人物、内容明确下来而已。

四、观察评价的基本功：解读幼儿行为和间接、直接教育方式

解读孩子行为的动机是观察评价的基本功。要提高这种能力，除了要熟悉儿童心理学之外，把解读孩子行为转变成常态化的工作习惯是最快速的方式。解读了孩子的行为后，可以采用间接或者直接指导的方式，也可以是用两者的组合拳来帮助孩子。灵活的教育方式也体现了教师的专业水平，这些教育方式包括了、但不限于《指南》的教育建议和本书的第五章内容。

我认为解读孩子的行为和灵活的教育方式是每一个教师需要终身学习的主要内容。我用以下两个案例帮助老师更好地解读孩子的心理和了解灵活的教育方式。

1. 扫二维码看"不听话的女孩"录像。黑衣服小女孩一开始就想通过肢体动作来引起老师的注意，她这种想吸引老师注意的动机源自哪里？她看来是很想得到老师和同伴的肯定和认可。在幼儿园经常能看到类似的孩子，老师提问后某几个孩子立即举手，可是他们可能连问题都没有听清楚。这些孩子的行为背后的原因可能是缺乏自我价值的建立。所谓自我价值，就是清楚自己是怎样的人，于是只有通过别人的关注来满足自我价值的空缺。帮助孩子正确建立自我价值要通过描述性的语言，例如"老师看到你刚才很认真努力地在解决这个问题，你真是一个认真努力的孩子"。通过这样的描述，孩子能够逐渐描绘出自身的形象和自我价值。除了老师的描述性语言，还有孩子自身克服困难的经验和做决定的经验，这两种经验都能够让孩子更好地认识自己。最后就是通过和别人的交往，看到别的孩子的表现，从而间接描绘出自身的形象。所以老师可以通过孩子的一些行为，深入解读孩子的心理缺失。

孩子过于积极，我首先用"冷处理"的方式让孩子等待，等到下一轮到这个孩子去摆放，她是连续摆放两个不同的方位。如果她第一次举手时老师就满足她、让她操作，那么她操作的效果可能只是重复之前其他孩子的操作。有时候让孩子等一等，可能反而可以引发孩子的潜力。

接着是茜茜（黑衣服女孩）和其他孩子的争执。茜茜椅子后移，退出该桌子的范围。白衣女孩过去找我投诉：茜茜拿走纸杯不给大家玩（请思考白衣女孩告状的动机是什么）。我过去了解情况，听大家讲。假如你是老师，你会怎样处理？会不会觉得应该"教育"一下茜茜："不分享就没人喜欢你！"

　　我只是引导茜茜，让她自己去邀请喜欢的好朋友多多一起玩，因为自主经历是能够带给孩子最深刻印象的教育形式。茜茜于是过去邀请多多，可是多多不理她。这时候老师可以选择"教育孩子"或者继续"支持孩子"。我继续给予支持，让孩子得到自主的经验。于是茜茜自己一个人玩。假如你是我，活动结束会怎样总结或者处理茜茜的情况？

　　最后活动结束，我说今天要特别表扬一个人，因为她学会了一个道理，然后强调很多孩子喜欢和她做朋友，邀请其他孩子来拥抱她。因为我解读了茜茜行为背后的动机是缺乏关爱，所以会故意去吸引别人注意，还有想控制玩具。于是我的针对性的教育计划就是补充她所缺乏的爱，我相信有爱的孩子会越来越好！

　　2. 扫二维码看视频[图]。录像里的这个小小班孩子是第一天由奶奶带来班上的，你觉得他的情绪会怎样？应该是不开心吧。班里老师告诉孩子："开心点，和其他小朋友一起玩。"当然没效果。我参与其中，运用"间接视觉交往"和孩子建立联系，然后采用"老师抽离，孩子自主"的策略让孩子自己开心地玩起来。在这个过程中解读孩子的行为（没有安全感）、行为背后需要的目标（发展孩子的参与感）、确定短期常态化活动（示范和离开，孩子模仿），最终目标是让孩子的情绪好起来。

　　采用间接视觉交往、模仿、直接视觉交往、语言交流、肢体交流的顺序性交往技巧可以很快吸引孩子的注意并和孩子建立交往，跟低幼交往时永远要记住是不需要导入语的。"老师好！""小朋友好！""老师来跟你玩个游戏……"这些导入语在低幼阶段是多余的。跟低幼孩子交往要直截了当，单刀直入，很快就可以掌控孩子的注意力。其中的秘诀是视觉交流，从间接交流到直接视觉交流。建立视觉交流后，老师希望孩子能够模仿老师的活动，假如你是老师，你会怎样做？很多老师会说："宝贝，现在跟老师一块玩这个游戏……"这种语言交流也是太急进了。老师要做的只有一件事，就是走开（教育行为之一）。

　　老师不要觉得自己在场的时候才是教育，其实老师不在场的时候也是教育。中国讲究阴阳，你不能老是只有阳（老师在场），要有阴有阳。老师要懂得，你不在场的时候会发生其他教育行为。比如你去唱卡拉 OK，一个人唱卡拉 OK，想怎么喊就怎么喊。假如你的领导坐在边上，你还敢喊吗？估计要有点保留吧。只要你明白老师在场或不在场都是教育的一部分，工作就相对轻松了。有时候老师不在场，反而教育效果更好。老是在盯着孩子，努力推动孩子去活动，不一定效果好，有时候不直接盯着孩子，孩子反而做得更好。

　　继续看视频解读孩子行为：孩子摆完一行，开心了一下之后就感觉不对头。因为老师偷工减料，我给孩子的可不只是绿色，她就随便丢几个给孩子。记住，对孩子一定要认真，孩子是很有次序感的。

咦？不够哦，不好玩，眼睛就去看别人的玩具了，抬头找老师帮忙。班里三个老师的配合很重要，做班主任的老师永远要记住，班级的和谐、团结、友好比一切都重要，三个老师再怎么样互相不喜欢，既然组成一个团队，大家都想工作舒服，三个人别计较才能都工作舒服，如果每个人都计较，三个人会更累。而且分工一定要很合理，其中永远有一个老师在做巡逻，眼睛经常在看每一个孩子，这个岗位永远不会花过多时间在某一个孩子身上，她只是过去赶快处理完问题，然后回到巡视岗位。安全隐患是我们最关注的，你永远不知道孩子什么时候出事，幼儿园里孩子多，一定是放手不放眼，孩子永远都要在某一个老师眼皮底下，这样孩子一求助，就会有老师发现，不会像这个孩子一直没被发现需要帮忙。

我们继续解读这个孩子的行为。老师很久都没发现孩子在求助，孩子再看看自己的玩具，玩玩自己的玩具算了吧。不行，找谁呢？奶奶。孩子叫奶奶过来帮忙，但是奶奶不能过来。他又看看其他小朋友，其他小朋友能不能给我一点？太困难，不可能的事，怎么办呢？很纠结，再看看玩具，求人不如求己。站起来，手放屁股后面，心里很想，但是不敢，因为权威的老师没批准。老师在班里很重要，每一句话都很重要，是班里最终的裁判，当老师开绿灯，所有孩子都觉得行了，老师说不行就不行。所以老师要慎言，说每一句话一定要注意，说错了一句话，孩子就会按照这句话去做，后果可能很严重。

孩子再看看自己的手，拉拉裤子，很纠结啊，拿还是不拿呢？再看看，老师终于发现了，把玩具筐推过来了。老师把玩具筐一推过来，就完全扭转了局面，权威的老师同意我拿了，这个能拿跟刚才的纠结完全不一样。老师把玩具筐推到中间，暗示了玩具我可以拿，虽然距离远，孩子也不犹豫了，所以孩子伸手去拿玩具。但看看另外一个孩子的眼睛：明明是我的玩具，为什么你拿我的玩。但对第一个孩子来说，这是老师给我拿的。所以记住，老师在班里一定要谨慎注意你的行为，你的行为会决定班里的平衡。原来是不敢拿，老师一开绿灯孩子就敢拿了。但注意看旁边这个孩子，他用"怨毒"的眼睛看着第一个孩子，假如这两个孩子之间发生了矛盾，是谁造成的呢？是老师造成的，所以老师要注意这些细节。

我在这个录像里首先是引导孩子，让孩子通过模仿性来学习。老师只要坚定按照自己的思路去做，孩子就会模仿，要相信这一点。我讲的是五岁之前的孩子，大班是另外一个世界，大班或中班下学期开始是完全两套专业要求。

这个年龄阶段的孩子一人一筐玩具是绝对性的要求，基本上不用讨论，不能分享，不存在分享。分享什么？分享到后面还不是打起来，分享的概念起码要到中班以后再说，这个时候一人一份就算了。

孩子又拿了两个积木之后，又开心了一点，还数数呢！然后开始进入创作阶段。孩子首先模仿我刚才的做法，然后从模仿到创造，刚才我没叠这么高，也没有这样去叠，孩子从模仿到创造，又把它拆了，重新再来。

　　我举这个例子要说明解读孩子行为背后的动机是非常重要的。以上是一个小例子，但事实上很多孩子的"打人"、"不听话"等行为背后都可能有不一样的动机。最重要的是老师把解读行为变成工作习惯，经常思考孩子行为背后的动机。根据解读后的动机来判断下一步的教育行动，而不是采用承传教师自身成长的惯性行为来"教育"孩子。

　　我认为要做好观察评价，除了客观的充裕时间外，首先老师要具备解读孩子行为的能力，还有洞悉孩子行为背后需要的发展目标的"感觉"（这是积累无数经验后塑造出来的），最后是设计常态化教育元素、落实教育计划的经验。

　　老师想提升相关专业能力，我认为最有效的方法是把解读孩子的行为动机和灵活教育的方式变成常态化的思考习惯。

第九章
提升区域活动的相关教育管理

这一章讲的是我参考美国幼师的工作计划方式来设计的教育管理模式。因为管理制度决定了老师努力的方向，要落实区域活动作为主要的课程元素，幼儿园的教育管理也必须做出改革。

我把相关的管理制度分解为从做计划、执行计划、检讨督导工作效果，然后又回到做计划的循环。要做好工作计划，需要非常专业的表格设计能力，好的表格设计能力需要清晰的教育理念，而且要了解自己所在幼儿园运作的特点。然后是培训老师做计划，很多幼儿园的问题是做这些培训计划的前期培训不足，后面就多了很多不必要的沟通问题。计划周期是其中的一个要点，我个人认为现在传统形式的周计划是没必要的，幼儿发展怎么可能按照一周的周期来做计划？更不要说还要每周更新计划。

所以教育管理改革首先需要改变观念，如果摆脱不了小学化的教学思维模式，还是很难进行有效的教育管理改革。针对这些问题，我将在这一章解读我的见解和解决方法。

一、美国幼师区域活动的工作计划

这是美国幼师培训教材《Creative Curriculum》关于区域活动的工作计划表格。

Chapter 4: The Teacher's Role

Exploring Content in Interest Areas

	Blocks	Dramatic Play	Toys & Games	Art	Sand & Water
Literacy	Have paper, markers, and tape available for children to make signs for buildings. Hang charts and pictures with words at children's eye level.	Include books and magazines in the house corner. Introduce print (shopping lists, receipts, message writing, etc.).	Talk about colors, shapes, pictures in a lotto game. Provide matching games for visual discrimination.	Invite children to dictate stories to go with their artwork. Share books about famous artists and their work with children.	Add literacy props to the sand table such as letter molds or road signs. Encourage children to describe how the sand and water feel.
Math	Suggest clean-up activities that involve sorting by shape and size. Use language of comparison such as taller, shorter, the same length.	Add telephones, menus, and other items with numbers on them. Participate in play, talking about prices, addresses, and times of day.	Provide collections for sorting, classifying, and graphing. Have children extend patterns with colored cubes, beads, etc.	Use terms of comparison (the piece of yarn is longer than your arm). Provide empty containers of various shapes for creating junk sculptures.	Provide measuring cups, spoons, containers of various sizes. Ask estimation questions ("How many cups will it take to fill the container?").
Science	Talk with children about size, weight, and balance. Encourage children to experiment with momentum using ramps, balls, and marbles.	Introduce props such as a stethoscope or binoculars. Model hygiene skills by washing "babies" or dishes.	Talk about balance and weight as children use table blocks. Sort, classify, and graph nature items such as rocks, leaves, twigs, and shells.	Describe the properties of materials as they interact (wet, dry, gooey, sticky). Use water and brushes for outdoor painting so children can explore evaporation.	Make bubble solution and provide different kinds of bubble-blowing tools. Put out magnifying glasses and sifters so children can examine different kinds of sand.
Social Studies	Include block people who represent a range of jobs and cultures. Display pictures of buildings in the neighborhood.	Include props related to different kinds of jobs. Add multicultural dolls and props such as cooking utensils, foods, and clothing.	Select puzzles and other materials that include diverse backgrounds and jobs. Play board games that require cooperation, following rules, and taking turns.	Include various shades of skin tone paint, crayons, markers, and construction paper. Encourage children to paint and draw what they saw on a field trip.	Invite children to describe roads and tunnels created in sand. Hang pictures of bodies of water (rivers, oceans, lakes, streams) near the water table.
The Arts	Encourage children to build props, such as a bridge for *The Three Billy Goats Gruff* for dramatization. Display artwork posters that include geometric shapes and patterns.	Display children's artwork or posters of artists' work in the dramatic play area decor. Provide props for children to dramatize different roles.	Include materials that have different art elements (pattern or texture matching, color games, etc.). Add building toys that encourage creativity such as Legos, Tinker-toys, etc.	Provide different media for children to explore clay, paint, collage, construction, etc. Invite a local artist to share his or her work.	Create sand sculptures; display photographs of sand sculptures created by artists. Use tools for drawing in wet sand.
Technology	Include ramps, wheels, and pulleys. Take pictures (using digital, instant, or regular cameras) of block structures and display in the area.	Include technology props such as old cameras, computers, keyboards, microphones, etc. Encourage children to explore how tools work—eggbeaters, can openers, etc.	Add toys (gears, marble mazes, etc.) that encourage children to explore how things work. Use a light table to explore transparent shapes.	Include recyclable materials for children to create an invention. Use technological tools for creating items such as a potter's wheel or spin art.	Include props with moving parts at the water table—such as waterwheels, eggbeaters, pump, etc. Use toy dump trucks, loaders, cranes for outdoor sand play.

Exploring Content in Interest Areas

Library	Discovery	Music & Movement	Cooking	Computers	Outdoors
Keep an assortment of good children's books on display. Set up a writing area with pens, markers, pencils, paper, stamps, envelopes, etc.	Keep science related books (e.g., insects, plants, seeds, etc.) on hand. Include paper and markers for recording observations.	Write words to a favorite song on a chart. Have children use instruments for the sound effects in stories.	Use pictures and words on recipe cards. Talk about words and letters on the food containers during a cooking activity.	Illustrate and write the steps in using a computer. Use a drawing or simple word processing program to make a book.	Bring colored chalk and other writing materials outside. Have children observe street signs in the neighborhood.
Add number stamps to the writing area. Include books about math concepts: size, number, comparisons, shapes, etc.	Have tools on hand for measuring and graphing. Provide boxes for sorting materials by size, color, and shape.	Play percussion games emphasizing pattern: softer, louder. Use language that describes spatial relationships—under, over, around, through.	Use a timer for cooking. Provide measuring cups and spoons.	Include software that focuses on number concepts, patterning, problem solving, shapes, etc. Use a drawing program to create patterns.	Have children look for patterns in nature. Invite children to make collections on a walk, then sort, classify, and graph the items collected.
Include books about pets, plants, bodies, water, inventions, etc. Provide a variety of objects for experimentation with floating and sinking.	Include pets and plants that children can care for. Include tools such as a magnifying glass and a microscope that children can use to observe the properties of objects.	Set out bottles with different amounts of water so children can investigate the sounds they produce. Use a tape recorder to record children's voices; play them back for children to identify.	Encourage children to taste, smell, touch, listen, and observe at each step of the cooking process. Discuss how heating and freezing changes substances.	Have children observe cause and effect by hitting a key or dragging a mouse. Allow children to observe as you connect computer components.	Take pictures of a tree the children see every day and discuss how it changes during the year. Have children feel their heartbeat after running or exercising.
Include books that reflect diversity of culture and gender. Show children how to use nonfiction books, picture dictionaries, and encyclopedias to find information.	Take nature walks and post the places where collected leaves and flowers were found. Set up a recycling area where children sort paper, glass, and plastic into bins.	Show videotapes reflecting songs and dances of many cultures and languages. Include instruments from different cultures.	Encourage parents to bring in recipes reflecting their cultures. Visit stores that sell foods of different cultures.	Encourage children to work cooperatively on software related to a study topic. Develop rules with the children for using computers and post them in the area.	Take many trips in the neighborhood and talk about what you see. Invite children to make maps of outdoor environments using chalk on concrete.
Talk about art techniques used by illustrators (e.g., torn paper collage by Leo Lionni). Include children's informational books of famous artwork.	Provide kaleidoscopes and prisms and have children draw the designs they see. Use the materials children have collected on nature walks for collages.	Provide a variety of musical instruments to explore. Add scarves, streamers, and costumes to encourage dancing.	Encourage children to be creative while preparing their snacks. Dramatize foods being cooked —a kernel of popcorn being popped; cheese melting.	Include drawing and painting software. Include software that allows children to create musical tunes.	Bring art materials outdoors for creating pictures and sculptures. Provide streamers and scarves for outdoor dance and movement activities.
Set up a listening area with books on tape. Include books about how things work.	Introduce scientific tools and see if children can figure out what they do. Provide clocks, watches, and gears that children can take apart and put together.	Add an electronic keyboard that produces different sounds. Include tape recorders, CD player, headphones, etc.	Cook a recipe in a microwave and a conventional oven and compare cooking times. Examine how different kitchen gadgets work.	Set up a computer area with open-ended software programs for children to use. Add an inexpensive camera to the computer so children can see themselves on the screen.	Point out examples of technology while on a walk in the neighborhood. Provide tools for investigating outdoors such as magnifying glasses, binoculars, periscopes.

左侧表格内容的中文译文：

	大积木	表演游戏	玩具 & 游戏	艺术	沙 & 水
语言	准备纸张、书签和胶带给孩子制作建筑物标识。 在孩子视平线高度悬挂 charts 和带文字的图画。	在房间角落放置书籍和杂志。 介绍印刷品（购物清单、收据、便签）。	在 lotto game 中谈论颜色、形状、图画。 提供视觉分辨用的配套游戏。	邀请孩子按他们的作品讲故事。 与孩子分享著名艺术家和他们的作品。	在沙盘中增加识字道具，如字模或者路标。 鼓励孩子描述对沙子和水的感觉。
数学	建议进行清理活动，包括按形状和大小分类。 使用比较性的语言，如更高、更短、一样长。	增加电话、菜单等上面带有数字的物品。 参与表演，谈论价格、地址和一天的时间。	提供收集品，用来分类、分级和绘图。 让孩子用彩色立方体和珠子等扩展图案。	使用比较性的术语，如这条毛线比你的手臂长。 提供各种形状的空容器来做废弃品雕塑。	提供各种尺寸的测量用的杯子、勺子和容器。 提问预估性问题，如倒满这个容器需要多少杯?
科学	与孩子讨论尺寸、重量和平衡。 鼓励孩子使用斜坡、球和弹珠来体验重力。	介绍道具，如听诊器或望远镜。 模拟卫生技能，如给婴儿洗澡或者洗盘子。	让孩子用桌子隔断，谈论平衡和重量。 分类、分级和绘制自然物品，如石头、树叶、树枝和贝壳。	按对外界的相互影响来描述材料的属性，如湿、干、黏。 用水和刷子做室外涂鸦，让孩子探索蒸发现象。	做泡泡液，并提供不同的吹泡泡工具。 提供放大镜和筛子，让孩子分辨不同种类的沙子。
社会学习	包括 block people，代表一定范围的工作和文化。 展示街区建筑的图片。	包括与不同种类的工作的道具。 增加不用文化的玩偶及道具，如炊具、食物和服装。	选择谜语和其他材料，包括不同背景和工作。 玩登机游戏，要求合作、遵守规则及按秩序行动。	包括各种 skin tone paint、蜡笔、makers 及建筑图纸。 鼓励孩子涂鸦或画出他们在野外旅行中看到的东西。	邀请孩子描述用沙子做的道路和隧道。 悬挂展示水体图片，如河流、大海、湖泊及溪流。

（续）

	大积木	表演游戏	玩具＆游戏	艺术	沙＆水
艺术	鼓励孩子建造道具，如戏剧 the three Billy Goats Gruff 的桥。 展示艺术海报，包括几何形状和图案。	在表演区域展示孩子的艺术作品或艺术家的作品海报。 给孩子提供表演不同角色的道具。	包括不同艺术元素的材料，如图案、纹理及颜色游戏等。 增加鼓励创新的建造玩具，如乐高、Tinker toys.	提供不同媒介，让孩子探索黏土、图画、拼贴画和建造等。 邀请一位当地的艺术家，分享他（她）的作品。	创造沙雕，展示艺术家创造的沙雕图片。 用工具在湿沙上作画。
技术	投放斜坡、轮子和滑轮。 拍下建筑群外观的照片。	投放技术道具，如老式相机、电脑、键盘、麦克风等。 鼓励孩子探索工具是如何工作的，如搅蛋器、开罐头器等。	增加玩具（齿轮等），鼓励孩子探索事物是如何工作的。 用一个浅色的桌子来探索透明的形状。	投放可回收材料，让孩子进行发明创造。 用技术工具制作物品，如 potter's wheel 或 spin art。	投放用来移动水的道具，如水渠和水泵等。 用玩具卡车、吊车在室外玩沙子。

在表格里，竖列是活动分类，横行是发展目标分类。竖列一是 Blocks 大积木区，就是我们所说的建构区；竖列二是 Dramatic Play，即角色游戏区；竖列三是 Toys and Games，即玩具游戏区。接着还有 Art 美工美术区，Library 图书区，Discovery 发现区，Sand and Water 水和沙区，Music and Movement 音乐和律动区，Cooking 做饭区，就是我们现在所谓生活体验区，还有 Computer 电脑区等。

你应该看到外国区域活动的划分跟我们很不一样，区域的名称是以活动划分的，这样老师很清楚进入任何区域都是在进行"活动"。

国内专家和相关部门不是很重视这些细节，以致幼儿园的区域名称经常和发展领域一样。比如益智区、科学区、数学区、语言区……老师很容易产生误会，以为进入科学区就是学习科学相关知识，进入数学区就是学习数学相关知识……

可是在《3～6岁儿童学习与发展指南（征求意见稿）》的说明里，原则部分的第二点明确指出："关注幼儿身心全面和谐发展。**要注重学习与发展各领域之间的相互渗透和整合**，从不同角度促进幼儿全面协调发展，而不要片面追求某一方面或几方面的发展"。

"学习与发展各领域之间的相互渗透和整合"，意思是在每一个**学习领域**内应该体现多种**发展领域**，甚至应该相互整合，整合的意思是多种发展领域之间的发生过程有密切关联

（可参考第四章第三部分的内容）。估计学前专业的本科生都不一定能很好地理解这句话，更别说一线幼师了。美国幼儿园区域的名称不会出现这种误会，因为用的都是活动名称，所以不会和发展领域的名称混淆，例如玩具游戏区，进去直接是玩玩具。所以区域"活动"顾名思义，进入区域进行的就是一种"活动"，而不是进去学习单一的学科知识。

就如同我在第三章所说，明白这个道理以后没必须完全模仿美国的做法，因为做调整也不能和大环境完全脱节，免得持有不同观念的领导过来检查时要花费大量唇舌去解说。我提供的意见是多在名称上加"游戏"两个字，比如数学区，就叫数学游戏区，这样就强调了区域是以游戏（活动）为导向，进入数学游戏（活动）区的活动就是玩与数学相关的游戏。加了这"游戏"两个字，便清楚了数学区的活动（游戏）功能，进入数学游戏区和进入角色游戏区、建构活动区的功能都是活动（游戏），弱化以往老师已有的进入数学区就"只学习数学知识"的小学化学科思维。

这种名称的调整弱化了目标的意识而突出了游戏的形式，老师只要明白不同区域是用来进行不同特点的活动的就可以了。例如数学游戏区主要是用数学相关的玩具和材料，带给孩子新的经验。角色游戏区则是发挥幼儿之间的经验交流来促进孩子的发展。虽然各区域的游戏形式不一样，但应该都是在渗透不同领域的发展。少了"相互"，因为活动名称和发展领域的名称有所区别了，就不用再加"相互"了，只说**"每一种活动都应该尽量体现不同领域的发展"**，这句话就容易理解了。

在数学游戏区固然要体现数学发展，在角色游戏区也应该体现数学发展；在角色游戏区应该体现社会发展，在数学游戏区也应该体现社会发展。因为这样一来孩子在每一种领域的经验才是跨领域发展的。简单来说，跨领域的经验可以更灵活地运用，有利于以后经验的举一反三。

当然老师需要非常清晰每一种游戏的特点。益智游戏就是孩子跟材料之间的互动，就是你拿玩具跟孩子玩的时候产生互动。比如拼图就是益智游戏材料，在玩的过程中会产生互动，通过互动，孩子会得到一些经验，这些经验不一定是智力元素。所以益智游戏区的材料很重要。

角色游戏跟材料没有太大关系，很多国家的角色游戏是不需要玩具的。比如北欧一些国家和以色列，他们是不鼓励用假的角色游戏玩具的。北欧国家和以色列是教育最发达的代表，他们的角色游戏用的道具都是从家庭拿来的真的、旧的生活物品，比如从家里拿来的水壶。为什么要这样做？有两个原因，第一个原因是因为孩子在家里看到父母用过这些道具，孩子拿到这些道具以后立即就能结合已有的经验，并能够延伸经验。如果你给孩子一个假的道具，他没有经验，还需要一个探索的过程。第二个原因是北欧国家和以色列的教育专家认为不应该用玩具迁就孩子的能力，应该给孩子提供锻炼能力的手段以帮助孩子逐步适应真实社会。所以以色列和北欧国家不重视角色游戏的玩具，但他们非常重视角色游戏的环境。

对益智游戏来说，材料很重要，而角色游戏的环境更重要。你所在的班里的角色游戏如果没有采用混班混龄的方式，还只是一个班内的孩子玩，那么即便有再多的游戏材料都起不到角色游戏的首要作用。因为角色游戏最需要的是人和人之间的经验交流。

角色游戏最理想的情况应该是才用混班混龄的方式。如果班制度不是混班混龄，可以安排孩子走班。我指导的深圳实验幼儿园已经采用走班形式很多年，每个班设置一种活动区，孩子们在区域活动时在不同的班之间窜班。特别是在角色游戏方面，鼓励孩子和不同班级的孩子交往。

才用混龄形式的原因在于，孩子在成长的过程中是不断通过和身边的人交往和对照来建立自我形象。如果采用按照同年龄分班的形式，假如这个孩子在班里是年龄最小的，他的自我形象标签就是最小的，三年下来还是最小；如果他是班里最大的，他三年下来就会总结自己是最大的。

可是这种唯一性的自我形象对孩子成长是不好的。而混班混龄是比较容易操作的一种解决方法。现在很多幼儿园尽量丰富孩子混龄的经验，从而丰富孩子多样化的自我形象。

所以老师通过表格竖列的分类，应该明白区域活动应该在各种活动中体现全面发展。而老师要掌握每一种活动（游戏）的特点，才能发挥得好（参考第五章的内容）。

再看这个表格。横行一是 Literacy，等同于我们的语言，行二是 Math 数学，接着是科学、社会、美术和科技。所以横行就是发展目标的分类。

行和列相交的格子，是如何落实这个相交点的计划。例如大积木活动和语言相交点的格子，里面要填写的就是如何在大积木区（建构区）体现语言发展的目标。老师可以在大积木区（建构区）增加纸张、书签、胶带给孩子制作建筑物的标识，在孩子视平高度悬挂表格和带文字的图画。在表演游戏的中房间角落放置书籍和杂志，这两个区的语言发展目标就体现出来了。还可以增加实物的印刷品，比如角色游戏是超市，可以去拿一些真的超市宣传单、减价单，一贴上去，文字、语言环境就出来了。

这个表格介绍了在不同区域活动中体现每一种领域发展的例子（这里要强调这些是例子，不是唯一的方法）。比如大积木区（建构区），语言发展目标的内容就是按照上文这样投放材料。数字更简单了，收拾活动材料的时候，要孩子按形状、大小对材料分类，使用比较性的语言来描述，例如更高、更短、一样长。

这是非常具体的工作计划表格，也是实现《指南》提出的**"要注重学习与发展各领域之间的相互渗透和整合"**的工作计划表格！

同样一个区域活动，老师可以让孩子在这个游戏里只是开心玩，也可以很好地在游戏里得到发展，这里面的区别是什么？是老师，而体现老师的专业性最核心的是老师区别幼教和小学学科教学的思维意识。可是指导老师的思维发展的是什么？就是这些教育管理的工作计划表格。通过这个表格，老师教育教学的思维就受到了有效引导。在填写这些表格的过程中，思维方式一遍一遍地得到梳理，于是"专业成长和实际工作紧密结合起来"！

这个表格的其他格子的内容也是如此类推的，所以这个表格的含金量非常高，老师们要认真细看每一格的内容并进行思考。看的时候可以和第五章讲的调控的六个元素结合起来，表格翻译不一定很精准，理解意思就可以。就这个表格，这本书的价钱已经超值了！

对于活动的分类我再补充一下。活动分类固然可以采用上文所说的用活动（游戏）的形式来区分，也可以有其他的区分方法。比如我指导的厦门第一幼儿园，很多年前已经采用按照孩子的学习过程来分类，比如发现知识区、运用知识区、工具区、表现表达区等。这种按孩子的学习过程来划分区域的方式，可以为老师和孩子带来另外一种思维建构。所以区域活动的分类和发展目标的分类是导向老师工作计划的思维方式核心，非常重要，不要马虎了事。

但不管怎么分类，总的来讲，和发展领域名称重复，老师就很容易出现往学科学习偏向的误区！

二、蔡氏区域活动管理制度

参考了美国的做法，我研发了一套比较适合中国的幼儿园教育管理制度。2010 年开始在很多地方进行实验，其中之一是广东中山东区全区的 30 多所幼儿园，其中包括了高端园和普惠园。

整个管理制度包括了做计划、执行计划、检讨督导工作效果等环节，然后又回到做计划的循环。计划表格参考了美国的模式，做了一个"双月备课表"。双月是我制定的，我认为孩子在幼儿园需要比较长的周期才可以形成习惯，内化认知。一周肯定太短，一个月勉强可以。但我考虑到大部分幼儿园还有很多杂七杂八的任务，七除八扣下来，虽然说是双月，孩子实际的活动时间可能也就一个多月。所以我决定了以双月作为周期。

除了这个双月区域活动计划，还有一个双月生活计划。双月生活计划的目的是系统地把"常规"变成工作计划的一部分，来更好地实现《纲要》和《指南》所强调的"在生活中体现教育"。

周计划还是有的，但是相比传统的周计划简化了很多。只抓周重点来处理该周的突发事情，假如没有突发事情就只需要按照常规的双月计划执行。但不知道什么原因，我感觉国内的幼儿园突发事情特别多。

至于主题课程的计划，只有大班有。因为我管理的幼儿园在小、中班没有主题探究课程，采用陈鹤琴先生的整个教育法观念。大班有主题探究课程，采用任务导向的思维建构模式，所以只有大班有主题相关计划。

不同的幼儿园情况不一样，但不管是采用什么课程模式，都可以和这个管理制度相结合。

以下是这些计划的案例：

蔡伟忠博士幼儿园区域活动备课表格

班级：_____   第_____周到第_____周

发展重点：_____

学习重点：_____

重点由来：_____

	建构区	角色游戏区	益智游戏区	美术区	语言活动区
语言	准备纸张、书签和胶带给孩子制作建筑物标识。 在孩子视平线高度悬挂 charts 和带文字的图画。	在房间角落放置书籍和杂志。 介绍印刷品（购物清单、收据、便签）。	在 lotto game 中谈论颜色、形状、图画。 提供视觉分辨使用的配套游戏。	邀请孩子按他们的作品讲故事。 与孩子分享著名艺术家和他们的作品。	在沙盘中增加识字道具，例如字模或者路标。 鼓励孩子描述对沙子和水的感觉。
数学	建议清理活动，包括按形状和大小分类。 使用比较性的语言，例如更高、更短、一样长。	增加电话、菜单等上面带有数字的物品。 参与表演，谈论价格、地址和一天的时间。	提供收集品来进行分类、分级和绘图。 让孩子用彩色立方体、珠子等扩展图案。	使用比较性的语言，如"这条毛线比你的手臂长。" 提供各种形状的空容器来做废弃品雕塑。	提供各种尺寸的测量用杯子、勺子和容器。 提问预估性问题，如"倒满这个容器需要多少杯水?"
科学	与孩子讨论尺寸、重量和平衡。 鼓励孩子使用斜坡、球和弹珠体验重力。	介绍道具，如听诊器或望远镜。 模拟卫生技能，如给婴儿洗澡或者洗盘子。	让孩子用桌子隔断，谈论平衡和重量。 对自然物品进行分类、分级，并进行绘制，如石头、树叶、树枝和贝壳。	按对外界的相互影响来描述材料属性，如湿、干、黏性。 用水和刷子做室外涂鸦，让孩子探索蒸发现象。	做泡泡液，并提供不同的吹泡泡工具。 提供放大镜和筛子，让孩子分辨不同种类的沙子。
社会	包括 block people，代表一定范围的工作和文化。 展示街区建筑的图片。	不同种类工作的道具。 增加不同文化的玩偶及道具，如炊具、食物和服装。	选择谜语和其他材料，包括不同背景和工作。 玩登机游戏，要求合作、遵守规则及按秩序行动。	包括各种 skin tone paint、蜡笔、makers 及建筑图纸。 鼓励孩子涂鸦或画出他们在野外旅行中看到的东西。	邀请孩子描述用沙子做的道路和隧道。 悬挂展示水体图片，如河流、大海、湖泊及溪流。

（续）

	建构区	角色游戏区	益智游戏区	美术区	语言活动区
艺术	鼓励孩子建造道具，如戏剧 the three Billy Goats Gruff 的桥。 展示艺术海报，包括几何形状和图案。	在表演区域展示孩子的艺术作品或艺术家的作品海报。 给孩子提供表演不同角色的道具。	包括不同艺术元素的材料，如图案、纹理及颜色游戏等。 增加鼓励创新的建造玩具，如乐高、Tinker toys.	提供不用媒介，让孩子探索粘土、图画、拼贴画和建造等。 邀请一位当地的艺术家，分享他（她）的作品。	创造沙雕，展示艺术家创造的沙雕图片。 用工具在湿沙上作画。
科技	包括斜坡、轮子和滑轮。 拍下建筑群外观的照片。	包括技术道具，如老式相机、电脑、键盘、麦克风等。 鼓励孩子探索工具是如何工作的，如搅蛋器、开罐头器等。	增加玩具（齿轮等），鼓励孩子探索事物是如何工作的。 用一个浅色的桌子来探索透明的形状。	包括可回收材料，让孩子做发明创造。 用技术工具制作物品，如 potter's wheel 或 spin art。	包括用来移动水的道具，如水渠和水泵等。 用玩具卡车、吊车在室外玩沙子。

以下是广东省中山市东区的小鳌溪幼儿园实际操作的案例：

东区小鳌溪幼儿园区域活动双月备课表

级组：小班级预设时间：11、12 月

主题名称：《颜色蹦蹦跳》

主题设想：

走进"颜色蹦蹦跳"的主题，我们将带领幼儿观察大自然的颜色，引导幼儿探索各种不同的颜色，用各种工具和材料让颜色在画纸上呈现"精灵之舞"。

在这个主题中允许幼儿全心全意地投入到寻找颜色的活动中，享受各种色彩带来的惊喜，探索、欣赏大自然与周围环境中的缤纷美。他们会更细心地观察环境中的色彩，并提出让人意想不到的问题；他们会开始细心地观察四周的事物，激发出丰富的想象力和创造力。

区域	语言活动区	科学活动区	数学活动区	建构游戏区	美术活动区	生活活动区	表演区
区域材料	投放自制的故事角色模型。	投放动物图片和动物的局部图片。	投放各种颜色的玩具和积木。	幼儿自带的或幼儿园里准备的各种积木、雪花片。	运用各种颜色与工具创作美丽的动物。颜料、画笔、滚筒、刷子等材料。	投放红豆、绿豆、花生。	投放各种颜色的表演服装、木鱼。
语言	投放自制故事角色模型，让幼儿看图说出角色的名字，并尝试简单说说故事内容。	投放各种动物的图片，请幼儿说出动物的名称及其生活习性。	投放各种颜色的玩具或物体图片，让幼儿说出它们的颜色。	投放各种形状的积木蔬菜。让幼儿说说自己今天做了什么植物。	正确辨认昆虫，投放简笔画、彩色范画，认识颜色，红色、绿色、蓝色、黄色。	投放各种颜色的水果、蔬菜图片，让幼儿说说图片上有什么，都是什么颜色的。	投放动物手偶，幼儿可选择手偶进行扮演或讲述简单的故事。
科学	投放自制故事角色模型，让幼儿一边说出故事中角色的名字，一边根据颜色为它们进行分类。	投放动物局部的图片，让幼儿进行配对游戏。	投放各种颜色的玩具和积木，让幼儿根据不同的颜色为玩具分类。	投放不同颜色、不同形状的汽车、娃娃。让幼儿说说自己衣服的装饰用了什么颜色。	了解动物的外貌特征以及颜色的特征，投放动物和植物的玩具。	投放红豆、绿豆、黄豆，让幼儿学会以颜色不同来加以区分。	敲击木鱼，描述木鱼发出的声音是怎么样的。
数学	投放自制故事角色模型，让幼儿数一数故事当中有多少个角色，每个角色的名字是什么？	投放各种各样的动物形象，请幼儿数一数每种动物各有几只，并用数字来表示。	投放各种颜色的玩具和积木，让幼儿数一数相同颜色的玩具有几个。	投放不同形状和颜色的积木，让幼儿将其进行排序。	对以AB-ABAB的模式排列的两种颜色的物品进行识别、复制或扩展，投放串珠珠、雪花片等玩具。	投放各种豆类，请幼儿按数量进行点数，并简单说出点数的数字。	投放有声读物，让幼儿跟读，或跟着音乐拍打节奏。
社会	投放自制故事角色模型，让幼儿说一说平常会在哪里见到故事中的角色，它最喜欢是什么？又有什么本领？	投放各种动物的图片，请幼儿说说动物的生活习性和我们人类有什么不一样。	投放各种颜色的玩具和积木，让幼儿说说在生活中见过哪些相同颜色的物品。	在材料区中体现红色，讨论红色在中国传统生活中的使用方式及其含义，如中国结、灯笼。	鼓励幼儿与家长去户外感受大自然中的事物和颜色，颜料印花画一幅。	通过认识各种颜色，能在生活中寻找各种颜色，讲述周围的物品分别是什么颜色的。	穿上服装进行角色扮演，并与同伴一起说说扮演的是什么。

（续）

区域	语言活动区	科学活动区	数学活动区	建构游戏区	美术活动区	生活活动区	表演区
艺术	投放自制的故事角色模型，让幼儿利用自己的生活经验为原有的故事角色创编出新的故事情节。	投放各种简笔画动物形象，让幼儿用自己喜欢的颜色为其进行装饰。	投放各种物品的图片，让幼儿用自己喜欢的颜色为其进行装饰。	投放不同颜色的动物玩具图片，欣赏自己和同伴一起合作搭拼的作品，并说说制作的方法和作品的结构。	运用各种颜色与工具创作美丽的动物。使用颜料、画笔、滚筒，刷子等材料。	投放油画棒、颜料、画纸。让幼儿自己涂鸦。	投放各种头饰，幼儿可以戴上头饰一起跳跳舞。

通过以上案例，老师可以看到，格子里内容的调整不外乎材料投放、老师介入和规则设定。你也可以发挥你的想法，运用第五章的内容，制定和他们不一样的区域活动间接指导计划。

接着是生活备课，其实也就是一个比较有系统的"常规"备课。因为和本书内容没有太大关系，我用中山市东区齐东幼儿园的案例来简单说明一下。

中山市东区齐东幼儿园生活教育双月备课表

时间：9月1日至11月4日　　　　第1周至第10周

班级：中班级组

备课教师：何小霞、范苏纳、贾丹婷、张春娟、王秀婷

生活环节	指南发展目标	具体落实内容
晨接	1. 衣着整洁，情绪愉快入园，主动与家长道别。 2. 使用礼貌用语，主动向老师和同伴问好。 3. 能较快适应人际环境中发生的变化（换新教室了）。	1. 布置"来园五件事"：（1）跟家长说再见；（2）晨检；（3）主动向老师问好；（4）放好书包；（5）晨练、值日生。 2. 指引迟来的幼儿把书包放好后，直接找到班级老师进行晨练。 3. 布置"来园情况表"指引图，制作情绪卡（开心、不开心），让幼儿对照图示，对自己做出评价。如能穿园服来园的，贴一个贴纸，开心上学的贴一个笑脸。

（续）

生活环节	指南发展目标	具体落实内容
进餐	1. 值日生帮助老师做好餐前准备工作。 2. 能正确使用餐具和餐巾，坐姿正确，速度适中地进餐。 3. 不偏食挑食；不暴饮暴食。	1. 制作值日生轮值表，值日生工作牌由当值幼儿佩戴。 2. 布置值日生工作流程指引，如擦桌子、分发餐具等。 3. 能在音乐的提示下安静进餐，在老师的提醒下，左手扶碗，右手拿勺子，一口饭一口菜细嚼慢咽地进食。 4. 餐前向幼儿介绍食物名称，和孩子一起聊聊食物的营养价值。
午睡	1. 能安静、有序地进入睡室，找到自己的午睡用品。 2. 安静入睡，不影响他人。	1. 布置午睡流程图，指引孩子入睡前要如厕、自我检查、在指定位置排队、把衣服外套放在指定位置、鞋子摆放在指定位置、进入寝室找到自己的位置、把衣服叠放好放在枕头边。 2. 准备眼罩，让个别难入睡的幼儿使用。 3. 在生活区布置午睡流程图、衣服折叠图、正确睡觉图。 4. 布置一个天气预报表：指引幼儿根据天气情况增减衣物，做到只穿1～2件衣服睡觉。
离园	1. 整理仪容仪表，将椅子、玩具等归位，摆放整齐。 2. 离园前进行安全教育，不跟陌生人走，不独自离园。 3. 背上书包，离开教室时有礼貌地向老师、同伴道别，并拉着家长的手离园。	1. 布置离园四件事指引图：（1）整理仪容仪表；（2）把衣服等物品放到书包里；（3）将椅子、玩具放好；（4）看见爸爸妈妈要打招呼，主动跟老师说再见。 2. 教师之间合理分工，其中一位教师做好幼儿离园前安全工作，另外一位教师做好接待工作。准备好签走表，把好幼儿接送关，确保安全有序，杜绝错接、漏接现象发生。

　　这个生活计划表格是按照《指南》内容设计的，竖列一是一天的环节，不一定全部列出每一个环节，只要按照老师的经验列出可以发挥的环节就可以。竖列二是参照《指南》的发展目标设置的列表，选择合适的目标融合到竖列一的每一个环节。竖列三是参照《指南》落实目标的建议，把建议在该环节进行具体化。所谓具体化，就是把建议里面的时间、空间、人物进行具体设置和描述，例如：丰富孩子和成人聊天的经验，具体化就是在该环节把在什么时间、什么地点、和谁聊、聊什么具体设置出来。

　　这个计划带来的好处是，老师可以把"生活常规"系统化，相互交流，积累经验。而且可以帮助教师更有效地进行操作和反思。

　　我要特别强调这两个计划，甚至主题探究的计划，是平行进行的，意思是在同样的时间段，这些计划内容是同时在进行，互不影响。很多老师有一个思维误区，就是把教育教学工作分割开来，以为所有的计划必须按照时间表进行，这是错误的小学化思维！

做好计划后，接着是执行落实计划。我设计的管理制度是除了这些计划就没有其他内容的计划。我的经验是老师只要在做计划时候，多花时间进行**教师集体**讨论，执行落实就相对容易。然后我会每周设置一次教研，安排老师在一起讨论日常工作中落实这两个双周计划的问题。这个教研也是阶段性反思和改进的过程。

教研采用问与答（Q&A）的组织形式，有问题的老师提问，其他老师帮忙提意见，成功提出意见的老师可以获得奖励红花一朵，学期末不同的红花数量可以换各种礼品。如果没有老师能够提出解决问题的方法，负责组织教研的老师就记录下来，会后通过微信或者QQ咨询顾问专家（每所幼儿园应该有各种顾问帮助老师学习和成长）。

每学期整理这些资料，《园本区域活动教研手册》便能做好！拿给新手老师自学，多方便。所以通过这种教研形式，可以在较短周期内快速地为老师解决具体问题，同时促进老师的专业成长。

只要领导不要给太多突发任务打乱老师的这种常规工作，利用这种教育管理制度、简单的工作计划加上每周定期的集体探讨，老师会进步神速，幼儿园的教育质量也会突飞猛进。

三、相关工作计划的参考案例

上文分享了小班的工作计划，这里再分享一些中、大班的工作计划，以丰富老师的相关经验。

中山市东区小鳌溪幼儿园区域活动双月备课表
班级：中班级　预设时间：11—12月
主题设想：《拜访大树》

你可曾在树下静静地听了知了、小鸟的鸣叫，在夏天炎热的日子里，你可曾一家人拿着扇子在树下乘凉。树，不仅供给我们生活所需，也带给我们美好的童年记忆。一棵树就是一个小小的生态区域，它容纳、孕育了许多其他的生命。在进行《拜访大树》主题时，我们希望提供孩子亲近树、认识树、甚至爱上树的机会。我们将尽可能地让幼儿看到、听到、闻到、摸到不同种类、不同环境中的树，让孩子用他们的好奇心与敏锐的观察力，去发现树的种种样貌与内涵。

区域	语言活动区	科学活动区	数学活动区	建构游戏区	美术活动区	生活活动区	表演区
区域材料	各种各样的叶子、树枝的图片和名称。	贴五官、放大镜、望远镜、树的成长过程图片。	各种颜色的树叶，水杯、水壶、松果、其他果实。	建筑图片，各种形状的海绵小积木、纸箱、月饼盒、奶粉罐、树叶、树干。	白纸、彩纸、剪刀、蜡笔、幼儿大头图片、橡皮泥、泥胶板、各种各样的树叶。	角色扮演所需要的小家具、小娃娃、扫把、儿童刀、围裙、铁丝、各种各样青菜（叶子、树枝）。	投放小舞台，各种表演服装、动物头饰。
语言	投放叶子图片和名称，能够让幼儿准确完整地说出树叶的名称。	投放五官的操作材料和一些伞状植物，让幼儿说说五官的功能作用并能认识更多的植物。	说说自己按照什么进行规律排序。	投放各种形状的海绵积木、纸箱、月饼盒、奶粉罐。让幼儿说说自己今天搭建了什么（房子、大树、小路等等）。	投放各种各样的树叶，说说树叶的外貌特征（叶的大小、形状、颜色各不相同）。	投放各种青菜（叶子、树枝），让幼儿认识大树、叶子的不同部位并知道这些部位和树枝间的关系。	在表演游戏中，孩子们可以充分发挥自己的想象并努力去营造快乐的氛围，与同伴交往并获得快乐的体验。
科学	投放天平、小棍子以及沉浮记录卡，让幼儿亲身体验生活中有很多有趣的东西。	投放放大镜，让幼儿观察各种树叶的区别。	投放几个水杯、水壶、松果以及其他果实，让孩子比较并发现松果和其他果实的不同。	投放不同颜色的和不同形状的树叶。让幼儿说说自己搭拼的是什么，用了什么颜色	投放橡皮泥，让幼儿印出叶子的模样。	投放绿色的青菜、树叶圆形的荷包蛋、白色的饺子、树枝，让幼儿学会分类。	投放大小不同的头饰、衣服，设置背景音乐，让小朋友比一比谁的声音更响亮。
数学	投放1~10的数字卡片和点数，让孩子理解不同的数字规律。	投放瓶盖、点数和拼图，让幼儿学会按规律排序和认识并学会数数，并且能拼出复杂的图形。	各种颜色的树叶，让孩子按规律排序。	投放不同形状的树枝，让幼儿说说自己在建构区搭拼的成品用了几根树枝。	投放各种各样的树叶，让幼儿分类摆放。	投放青菜、树叶、树枝，让幼儿数一数，放到对应的盘子里。	让小朋友自由表演，学会分角色表演，指导他们对表演更加投入、更加富有激情。

（续）

区域	语言活动区	科学活动区	数学活动区	建构游戏区	美术活动区	生活活动区	表演区
社会	投放不同的动植物材料，让幼儿和同伴们一起分享，并学习认知这些材料。	让幼儿学会在操作过程中和同学们一起完成作品，体验分享的乐趣。	说说哪些叶子可以吃。	投放树枝和颜色、大小不同的树叶，让幼儿正确认识树枝的不同部分和作用，知道一年四季树叶的颜色变化。	鼓励幼儿与家长用叶子、树枝进行亲子制作。	在生活区学会认知树叶的名称，学会观察，与好伙伴沟通。	为使歌舞表演有序进行，可由一个小主持人安排顺序与人数，也可由演员们自行协商确定。表演时不必注重表演技巧，应重在鼓励幼儿大胆参与，使幼儿的表演更加自如、自信。
艺术	投放不同的脸型和五官拼图，让幼儿仔细观察人的五官分别是什么样子的，并且在脸型上拼出不同的五官。	投放不同颜色的纸、蜡笔、剪刀，让幼儿做出自己喜欢的作品展现给大家看。	用叶子剪出眼镜、面具等。	投放树叶实物，欣赏自己和同伴一起合作搭拼的作品。	1. 投放树叶、树枝、剪刀，让幼儿学会用剪刀在树叶上剪出圆形等技能。 2. 让幼儿学会用树叶做面具。	投放围裙、铁丝以及各种各样青菜、叶子、树枝。让幼儿学会给"小宝宝"弄吃的东西，进厨房学会用树叶、叶子、树枝、铁丝一起用来包糖果或者饺子。	投放舞台道具，让小朋友大胆地展现自己。

中山市东区小鳌溪幼儿园区域活动双月备课表

级组：大班级预设时间：11、12月

主题名称：《相反国》

主题设想：

大千世界中，各种各样的事物之间存在着差别。不同物体之间有大和小、长和短、高和矮、冷和热、快和慢等不同，我们在观察这些差别时获得属性相反的概念。但是，

当我们对世界逐渐深入观察和认识之后，我们会发现世界上的各种事物的差别是相对的，是通过比较而存在的。当我们将一个物体与另一个物体比较时，发现其中的一个比另一个大或高，但是当拿出第三个物体与之比较时，又发现原来比较大或者比较高的物体，其实比第三个物体小或矮。于是我们得出这样的观点：如果我们看事物的角度不那么单一，世界就有许多可能和变化。

　　五六岁的幼儿已经获得了一些物体相对关系的经验。为了帮助他们进一步通过仔细的观察、归纳、推理，将他们的经验上升到具有一定理性的概念，我们设计了"相反国"这个主题，希望幼儿能够在这个趣味十足的"相反国之旅"中，锻炼主动探索的精神，充分发挥想象力和创造力，认识周围生活中事物的各种相关特性，学习从细微的线索中感受并最终找到真理。

区域	语言活动区	科学活动区	数学活动区	建构游戏区	美术活动区	生活活动区	表演区
区域材料	成对的相反词卡；相反实物图片、吉吉和磨磨造型头饰、纸、笔等。	回形针、磁铁（长形、圆形磁铁）、含铁物品、不含铁物品、迷宫图等。	大小、长短不一的物体、记录纸、笔、钟、数字卡、图形卡等。	大型积木、各色插塑玩具、城堡图片、迷宫图、人形玩具等。	搜集到的各种冷暖色调作品图片、镜子、剪刀、白色蜡笔、黑色卡纸、颜料、瓦楞纸、胶水等。	温度计、四季图卡、透明杯、冷热水、各种豆子、表情图、小木棒等。	吉吉和磨磨头饰、音频《吉吉和磨磨》、轻快的音乐和节奏较慢的音乐、打击乐器等。
语言	投放一些相反词卡，让幼儿找一找，说一说；投放颠倒歌的图片，让幼儿自由仿编颠倒歌。	让幼儿在探索磁铁的作用时，说说磁铁使含铁物体运动的过程。	讲述在活动中比较各种物体的长短、高矮等的比较过程。	投放各种积木，让幼儿讲述自己和同伴如何搭建建筑，讲述他们搭建的建筑的高矮、大小关系。	欣赏美术作品，感受黑白搭配的美感，说说自己对作品的感受。	提供四季图和四季人们穿着的图片，请幼儿说说对四季的感受和四季人们穿着的变化。	投放头饰材料，让幼儿大胆进行角色扮演，乐于表演。
科学	投放一些含铁物品和不含铁物品，让幼儿进行分类，并说一说他们的共同特点。	投放"磁铁划小船"的材料，让幼儿利用两极相吸、相斥的原理划动小船。	投放小尺子，让幼儿简单测量不同物品的长度，并做好记录。	投放迷宫图片，让幼儿尝试用积木摆出迷宫图，在搭建好的迷宫里放置一些小人偶，玩走迷宫的游戏。	投放剪刀和纸张，让幼儿探索对折，剪出对称的作品。	投放冷水和热水，让幼儿感知水的冷热，探索让热水迅速变冷的方法。	投放打击乐器，让幼儿用不同的速度敲打，感受节奏的变化。

（续）

区域	语言活动区	科学活动区	数学活动区	建构游戏区	美术活动区	生活活动区	表演区
数学	让幼儿点数磁性物品和非磁性物品的数量，比较多少，并讲述分类和比较的过程。	投放磁铁鱼竿钓鱼的材料，统计自己钓到鱼的数量，并按不同的种类进行分类。	投放壁钟和时间卡，请幼儿根据时间卡，把壁钟调到相应的时间。	投放不同形状的积木，让幼儿说说在搭建的作品中运用了多少正方体、三角体的积木等。	自创迷宫图，初步体会错觉产生的乐趣，增进对空间、方位的认识。	探索用温度计测量水的温度，并用手感知水的冷暖。	让幼儿在表演的过程中感知前后、左右等方位，并能按指令拿取相应的物品。
社会	同伴间协商角色的扮演（吉吉和磨磨），然后用动作表现相反的事情，说说谁是吉吉、谁是磨磨。	在操作过程中与同伴友好协作，一起探索操作材料的玩法。	在操作过程中能与同伴进行交流，并分享操作的结果。	在搭建的过程中能与同伴友好合作，分享插塑玩具和积木。	投放泥胶，与同伴一起合作制作印章，并与小伙伴分享制作的过程。	自己学会根据气温的变化准备和穿着衣物。	同伴间在玩角色扮演的过程中，要相互合作讨论，注意安全，不要争抢道具。
艺术	参考《插秧》图，让幼儿自由创作倒影作品，并讲述画中的内容。	幼儿绘画创作小鱼，给小鱼涂色，别上回形针，利用磁铁鱼竿玩钓鱼游戏。	提供纸质钟面，让幼儿设计时钟。	幼儿先设计图纸，再搭建作品。	投放画纸、镜子、水粉颜料、剪刀等工具，幼儿自主创作对称画。	用豆子、米粒等粘贴各种开心、生气等表情。	与同伴一起进行表演前的装扮，让幼儿学会欣赏别人的表演和服饰。

第十章
优质区域活动配置让幼儿教师如虎添翼

一、区域活动配置在提升教师人力资本中不可取代的意义

二、区域活动配置在幼儿学习中发挥的独特价值

三、分析中国幼儿园区域活动配置落后的原因

为什么再好的幼儿教师也取代不了区域活动配置？

英国著名生物学家达尔文研究论证了制造工具是人类特有的活动。人和动物主要的本质区别是动物只能依靠自身的器官，本能地从自然界取得现成的资源来生存，而人能够制造工具，从事生产劳动。从某种程度上讲，工具使人的双手把人的思维成果"物化"，可以说，**工具装备反映出一个行业的综合科技实力和生产力水平，行业人才的思维与创造水平**。例如部队的武器制作水平发展反映了国家的军事实力；医疗设备及药物研发能力反映了医疗实力；机器制造能力反映了国家的工业生产力。

"游戏是儿童的工作，玩具是儿童的天使。""要关注儿童成长，必须关注儿童的游戏；要关注儿童的游戏，必须重视儿童使用的玩具。""玩具教育活动符合幼儿学习特点。""玩具教育活动为幼儿操作性学习活动提供了可能。"皮亚杰认为："智慧的发展是环境的因素和先天的遗传构造两者之间互动而来的。"游戏是儿童的天性，玩具是游戏的物质前提，幼儿要玩耍必然离不开玩具。""感知觉和语言的训练，可以通过我的教学用具来体现。"从这些言论就可以说明，利用玩具作为幼儿学习的重要工具是古今中外的专家都同意的，所以教师与玩学具实际上是一体的，**一个国家玩学具产业的发展同样反映了国家幼儿教育行业的水平，起码是区域活动的水平，因为学具同样代表了国家综合幼儿教育能力的"物化"**。区域活动的模式只是把这种理念有序地运用在幼儿园的课程模式中。反过来说，玩学具的运用能力，在一定程度上反映了区域活动的教育能力。

　　而在欧美，一般的玩具已经不能够满足幼儿园的需要，它们需要更专业的玩学具。因此在过去七十年间，专门为幼儿园设计和生产学具的企业快速成长，已经成为独立于玩具的产业。反观中国，虽然是全球玩具主要加工基地，也是拥有最多幼儿园的国家之一，但是相比欧美，幼儿园学具产业不成气候。这种大环境不成气候的现象也间接解释了为什么幼儿园的课程模式还是以集体教学为主。

　　事实上中国应该是最早应用玩具开发智力的国家之一，例如"七巧板"就是我国古代劳动人民的发明，其历史至少可以追溯到公元前一世纪，到了明代基本定型。明、清两代在民间广泛流传，清陆以湉《冷庐杂识》卷一中写道："近又有七巧图，七巧板其式五，其数七，其变化之式多至千余。体物肖形，随手变幻，盖游戏之具，足以排闷破寂，故世俗皆喜为之。"

　　在18世纪，七巧板流传到了国外。李约瑟说它是"东方最古老的消遣品"之一，至今英国剑桥大学的图书馆里还珍藏着一部《七巧新谱》。美国作家埃德加·爱伦坡特竟用象牙精制了一副七巧板。法国拿破仑在流放生活中也曾用七巧板作为消遣游戏。虽然中国是最早利用玩具发展智力的国家，但由于文化传统原因，最后像许多中国的其他的伟大发明一样，都是昙花一现，最后反而在外国发扬光大、开花结果。这些现象可能是受中国传统思维"勤有功，戏无益"的影响。

　　反观欧洲，很多家族式的玩具生产商源自十八世纪，其中我认识历史最久的自1831年至今还在营运的、位于意大利的 SEVI 公司。在欧美，这类公司非常多，能够一直传承几代人，说明西方在传统的消费市场已经接受幼儿在操作玩具中学习的观念。

　　玩学具还有一个间接价值，就是提升教师的人力资本。不管是多么理想的课程，最终效果取决于实践者的演绎水平，幼儿教育的主要课程实践者是教师，所以每所幼儿园的教育质量和教师实践课程的水平是成正比的。因此提升幼儿教师人力资本效益是最直接提升课程实践效果的方法之一。玩学具带来的意义之一是教师人力资本的提升。可以说，区域活动的配置不只对幼儿学习具备不可取代的价值，这种"物化"的反作用在提升教师人力资本方面也发挥着很大的价值。

一、区域活动配置在提升教师人力资本中不可取代的意义

　　要理解玩学具对教师提升人力资本的意义要从二战说起。日本和西德在"二战"期间被炸平以后，为什么能在极短时间内恢复？"美国经济学家、诺贝尔奖得主 Gary Becker 解释这主要是人力资本在起作用，因为战争摧毁的主要是物质资本，人力资本则是基本保留下来的。这些丰富的人力资本在战后合适的政策和有利机遇等条件下，很快就重新绘出更美更新的图画，使日本和西德很快跻身主要工业强国行列。如果人力资本摧残到一定程度，如教育失败等，这样尽管物质资本十分丰裕，动态演化的结果也会趋于低收入均衡。"这评语很好地反映了现在大陆幼儿园的情况。

　　欧美的思维就是建立在这种重视人力资本的基础上，所以在计算成本时，人力资本是主要的考虑元素，如何放大人力资本也成为一种思维习惯。其中提升行业人力资本从而提升行业生产能力的主要元素是人力资本的管理，而行业工作的细分——例如工具发明者和工具运用者的细分——是其中人力资本管理的代表作。"前三十年能以工业化初期的形态取得优势，内在力得以释放，每个人在劳动过程中相对都是进行简单劳动。比如打工者今天可以盖大楼，明天可以刷油漆，后天可以去送外卖。而在下一个三十年，这种日子就要结束了。随着劳动分工的细化，第三甚至第四产业蓬勃兴起，低级劳动向高级劳动发展的那一天，每个人都需要思考如何不断优化自己的劳动、自己的专业，以迎接下一个、再下一个更高分工度的社会。"**分工是促成人力资本成为专业的关键元素**，分工能提高使命感，在专业范围内追求完美，在艺术范围内追求艺术完美，在学术范围内追求学术完美，只要具备使命感，工匠也能成为大师。就像米开朗基罗开始也是匠，最后凭着这种精神而成了大师。

　　所以在欧美的观念里，幼儿教师是重要的人力资本，进行的是专业性的工作，老师应该花更多的时间专注在她们自己的专业。她们的专业是和孩子沟通，和孩子交流，为孩子提供他们需要的学习环境，并在此过程中促进自身教学水平的成长。其他和幼师专业没有直接关系的工作应该分工给其他专业，例如生产制作学具就应该是另外一个专业行业。这就像医生一样，医生的价值不在制药，不在生产医疗设备，他的专业是在判断这个病人需要怎样的治疗，然后对症下药。专业就是做好分内事，做好核心价值的事。

　　我国大部分民办幼儿园从来没有把幼儿园教师看成专业职业，就像第五届全国高等师范院校学前教育专业学术研讨会上代表们说的："幼师学生到民办幼儿园就业后，出现职业倦怠的现象比较严重，专业成长没有动力，专业道德缺失比较严重；在实际环境中，有的幼儿教师不仅掌握的知识是错误的、陈旧的，也缺乏一种判断知识适宜性的能力。"可见在我国民办幼儿园从来没有把幼教看作专业，也从来没有重视这种人力资本，导致幼儿教师身兼多种职务，包括没必要的大量自制学具，这样的后果是老师没有充足的时间专注于专业的发展。

　　另外我国的传统观念重视仕官，轻视商人、工匠，工商是知识分子所不屑的行业，所以我国大部分高学历的人都是往仕途发展。从商的，包括生产玩具的都是文化水平较低下的人，所以也没有能力配合教育所需要给予的支援。欧美则相反，从事幼儿园玩教具行业的大部分都是高学历的专业人士，所以能够为幼儿园老师提供很好的支援服务。

　　1. 玩教具在直接提升教师人力资本效益方面的作用分析。从工业革命开始，西方国家对使用工具提高人力资本就比较重视，可是中国大陆这方面的意识还是非常滞后。不只是教育，在其他行业里我们看到，富士康用的生产设备全是进口的，我们盖高楼大厦使用的重型机械也全是进口的，所以大陆幼儿教育圈子缺乏去通过发明玩学具放大老师的工作的观念完全是能理解的。可是为什么幼儿教育界又没有像建筑机械或工业生产线那样提倡从引进外国很好的玩学具？（注：近年的蒙氏教具是商业宣传价值大于实际教育效益价值的。）因为盖房子或生产设备是商业模式，是盈利的，所以行业愿意大量投入资本采购先进设备，**教育商业意识相对落后，更恰当的说法是"迂腐的学术思维——只要和商业挂钩就觉得是大逆不道"。这些落后、迂腐的思维让中国大陆幼儿园使用工具的观念不如西方，特别是在课程方面。**

所以当西方开始进行教育反思时，使用工具提高人力资本的思维影响了西方的教育工作者，这些教育工作者在设计教育课程时，能够把这种利用工具提高人力资本的观念引入课程实践中。其中福禄贝尔和蒙特梭利是两个典型案例，他们的课程都有一个共性，就是创造一些标准的学具，利用标准学具让当时的老师能够更好地实践课程设计的理念。那个年代欧洲的幼儿园教师更多的是在使用传统的集体教学模式，和现在中国的情况差不多。当比较先进的课程设计师——例如福禄贝尔和蒙特梭利——创了了一些新的课程想法，然后要假手于他人（当时的教师）把这种想法实现出来，假如不采用标准化的工具和操作来提高人力资本，估计是相当难以实现的。因为要改变当时教师的固有思维，然后寄望教师能够自行创造实践方法体现新课程理念的概率是相当低的。所以创新课程理念基础需要工具去实现，创新代表了比当时的执行者（教师）超前，因此福禄贝尔和蒙特梭利还要发明工具（学具），让课程实施者（教师）更接地气地实践他们的理念。这种使用工具提高人力资本的思维恰恰就是现在中国大陆幼儿教育圈子中最缺的，也是最需要的。当然这也有其他的客观原因，蒙特梭利和福禄贝尔是从大量的实践中产生自己的想法，建立在实践经验的基础上，导致他们能设计出这些工具。反过来，中国大陆近代的所谓幼儿教育专家，更多的是搬字过书，缺乏对行业整体性实践的视野。

而使用工具放大老师工作的观念在西方是非常受重视的，蒙特梭利和福禄贝尔设计了标准操作方案，通过工具操作的标准化，能够让过去以集体教学为主的老师按照标准操作摆脱过去集体教学的习惯，从而体现新的课程理念，达到新课程要求的标准。如果没有工具，是不可能达到这种效果的，老师可能对课程理念描述得很好，但没有一个载体能够实现出来。可见工具带来的是能够让老师的教学效果往相对高素质去走，同时工具能够让老师做到原来做不到的事，比如一个老师要教育数量比较多的孩子（第二章详细说明了在中国人口多的国情下怎样演绎西方的思维），这就是西方和中国在工具使用观念上的差异。

2. 玩教具在间接提升教师人力资本效益方面的作用分析。西方幼儿园对玩教具配置的观念除了能够导向老师工作的整体方向，帮助老师工作得更有效率以外，玩教具还整合了社会专业之间的资源，提升教师的专业成长。如何理解这件事呢？这样来说吧，在手机普及之前，大家都不知道什么是 Wi-Fi，有了手机以后，老太太都知道有 Wi-Fi 能上网，可见工具不单能够放大一个人的工作效率，同时还能作为载体让使用者学习到设计者的智慧。工具是一个载体，把很多人的智慧、其他行业的智慧变成工具，你以工具作为载体，学会其他人的专业知识。教具同样如此，一些好的教具具有内涵性，老师在使用教具的过程中，会同时学会一些新的知识、观念甚至一些标准的方法，在这个过程中就能很有效地提高应用水平。

例如，蒙特梭利的二项式，也就是几块不同颜色的积木，但这些积木块体现了（A＋B）二次方等于多少。可能很多幼儿教师原来也不懂什么是二项式，但通过这个教具，老师就能理解二项式是什么。再举个例子，比如学英语用的 flash card，我先不评价 flash card 好还是不好，但通过 flash card 的操作过程，老师学会了一种方法，这种方法就是利用快速图像记忆，能够让孩子直观地记一些东西。可见教具的价值不只是能够放大老师的工作效益，或帮助老师在实际操作中体现课程设计者的理念，它同时带给老师一些智慧和知识。可以说，有内涵的玩学具能够促进老师的专业成长，而这种专业成长可能比幼儿园聘请专家培训的成本还要低，因为专家来讲课也只是一个专家，不可能很多专家同时来讲课，而且每一个专家的精华可能只是一点点东西，一个专家来讲半天课，带来的也只是一个点。反过来，通过集合了很多专家想法的教具，老师就能迅速掌握很多专家的知识精华。所以玩学具实质是有效促进教师专业成长的载体。

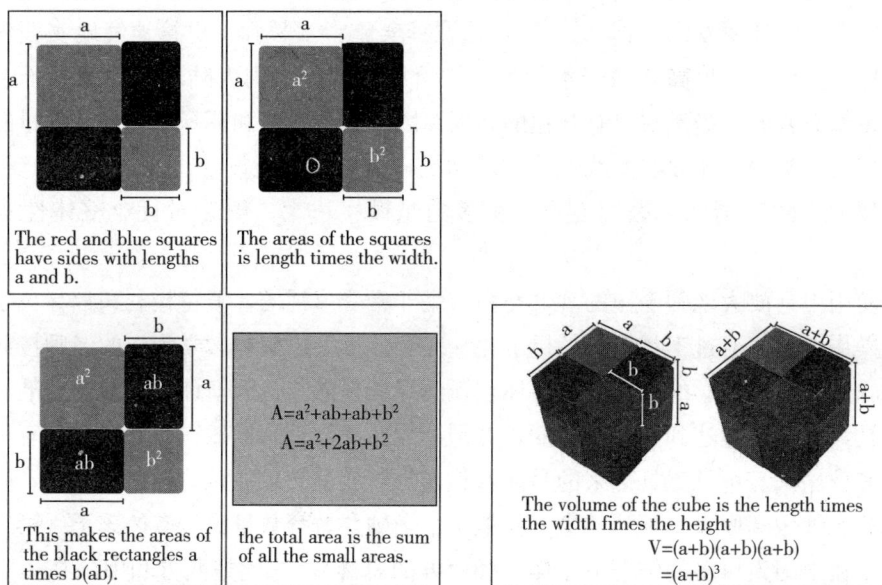

The red and blue squares have sides with lengths a and b.

The areas of the squares is length times the width.

This makes the areas of the black rectangles a times b(ab).

$$A=a^2+ab+ab+b^2$$
$$A=a^2+2ab+b^2$$

the total area is the sum of all the small areas.

The volume of the cube is the length times the width fimes the height
$$V=(a+b)(a+b)(a+b)$$
$$=(a+b)^3$$

蒙氏二项式的解说图

除了通过玩学具学习设计者的智慧和知识，玩学具也是一个促进教师师师互动的载体。教师辛辛苦苦设计的活动，如果没有一个标准载体，其他教师是没办法分享的。例如一个教师通过自制的复杂材料设计了一个教学活动，过了一段时间，其他老师看到教案很好，但是再看看材料的复杂程度，估计有部分教师就会放弃。假如采用幼儿园指定的标准共性材料——例如雪花片——设计活动，活动的共享性就得到大幅度提高。教师的智慧就可以获得很好的保存、积累、分享和提升。所以如果管理得法，玩学具在运用过程中同时可以促进教师之间的智慧交流，达到师师分享交流的作用。

二、区域活动配置在幼儿学习中发挥的独特价值

虽然自1989年6月5日教育部颁布的《幼儿园工作规程》开始，教育部明确指出幼儿园教育是"以游戏为基本活动，寓教育于各项活动之中"，并大力推动幼儿园区域活动。可是实际上无论是幼儿师范学校的课程，还是外面五光十色的培训班，甚至很多地方教委的教师评价，还是围绕教师上课水平作为主要培训和考核评价内容。所以中国的幼儿园教育，直到今天，大部分还是以集体上课作为主要的"教育教学手段"。

教学活动和区域活动的关系可以说是反映了中西文化在幼儿教育观念上的差异，我认为它们的本质差异是"教"PK"学"。中国传统更倾向"教"，而西方更倾向"学"。所以西方幼儿教育思维更倾向于让幼儿在游戏中自主学习，而"勤有功，戏无益"则是我国的传统教育思想，绝大部分中国家长都不了解幼儿教育的意义，很多家长认为被动地接受二手知识就是教育，上幼儿园学习就应该有教材，有作业。于是当他们选择幼儿园时就更多关注传递二手知识的教学活动，而并非自主学习的区域活动。至于有区域活动的幼儿园，**很多是区域活动"上课化"，而并非体现区域活动的核心价值——通过自主探索建立经验**。现在也有带有另一种极端思想的家长，虽然不追求学习，但是可能是不想让孩子重复自己受支配的童年，认为孩子不用学习，天天自由游戏就可以。这些观念是曲解了在游戏中学习，把放羊等同为学习。事实上在游戏中学习是一种非常专业的自主学习方式，采用玩具作为载体，让孩子在游戏中不知不觉地产生可预期的提高。

反观在德国等欧洲国家，玩具是世代相传的，小孙子现在玩的玩具可能是爷爷小时候玩的，所以在游戏中学习是大部分人的成长经验。玩具既是传递家族智慧的载体，也是建立三代情感的桥梁。由于从小就具备了游戏和玩具的相关经验，西方的家长理所当然地具备了判断玩具质量的能力，也会关注幼儿园配置的玩具质量，这也就促进了西方幼儿园对区域活动和配置的重视。

区域配置（玩学具）对幼儿自主学习和经验建构起到了不可取代的价值：

1. 玩教具体现幼儿自主学习的独特价值

上课是被动学习，我最痛心是看到那些三岁的幼儿早餐后就乖乖地围绕着教师坐成一圈，教师很努力地向孩子讲解。有些配备了多媒体设备或者道具的还好些，但是更多民办园的情况是孩子一人一本教材，教师就努力去教孩子背诵。教师累、孩子累，都在浪费时间。这种集体课的教学模式不但没有太多学习价值（除了安全、卫生、自理等内容），而且孩子从三岁开始就习惯了等着教师的上课来学习，孩子以后对身边的事物就不会再有好奇心。

不论多专业的幼儿教师都不可能保证课堂上所有幼儿都能够理解教师的教学内容。首先幼儿本身的经验基础薄弱，其次是幼儿们的经验主要源自不统一的家庭经验，所以

集体课是很难让每一个幼儿得到自己的最近学习区的（就是教师讲的新知识是可以通过过去的经验来理解）。但是玩学具则可以让每个个体自己找到自己的最近学习区。我们用一个拼图游戏举例说明孩子的最近学习区：幼儿园班里的孩子对班里20片的拼图已经很熟悉了，也没有兴趣了（低于孩子的最近学习区）。于是教师到市场上购买了一些88片的拼图，拿到班里让几个孩子试玩，发现能力最高的孩子也没有兴趣。因为在20片内寻找，相对在88片内寻找，要求提高了4倍（超出了所有孩子的最近学习区）。于是老师把一半的图片用透明薄膜封好，拼图变成了30片（降低了最近学习区）。这时候孩子们的兴趣来了，当大部份孩子都能完成后，便把几套拼图用同样方法调整为40片、50片、60片。然后引导那些能力还不能够完成30片的孩子观察图案、形状，教他们把每一片小片进行旋转对比，即是教方法，而不是给答案，授之以渔。最终每个孩子都能够快乐自主地完成88片的拼图。

假如没有运用拼图（玩学具），教师是没办法通过上课的形式来完成这个教育目标的，反过来、只有拼图而没有好的教师也是没办法发挥好拼图的教育价值的。

2. 玩教具体现幼儿经验建构的独特价值

学习经验和二手知识是完全不一样的，幼儿教育的目标更多的是丰富并有效建构幼儿的学习经验。我们来举例说明。

在幼儿园里，老师在一堂课上教了：苹果 apple；橙子 orange；香蕉 banana；草莓 strawberry；梨 pear。课上完了，孩子回去跟妈妈复述这些内容。妈妈会觉得，哎呀，真好，我家孩子学会了5个水果名称，还会讲英文了呢！学的真多！可如果老师整整一节课就讲了一个水果——苹果，首先把苹果放进袋子里让孩子看不见，要孩子用手摸，用鼻子闻，用心体会，然后再去联想里面的苹果是什么颜色的、什么形状的等等。孩子放学回家，父母问："今天学到什么啦？"孩子会回答："苹果。"父母可能就会质疑："哎呀，就学了一种水果啊！那都学了什么？"孩子们回答："不知道！"怎么别人一节课学了5种水果和英文，我们只学了1种，还不知道到底学了什么。

这两种方式对孩子来说，到底哪个会收获更多？前者脑袋里记住的很可能就是水果名词和英语单词，记住的也只是应付考试用的知识点；后者体会到的却是各感官对苹果的直接经验，学到了苹果这个名词背后更多的事物，包括苹果的色、形、味及相关联的实际事物等。全面感知的背后带给孩子的可不是简单记住，而是启发他们的联想和发散思维。第二个孩子以后见到一种新品种的水果，大脑立即会冒出很多问题，第一个孩子见到新品种水果可能只会问叫什么名称。

所以衡量一个人学习好不好的标准，不是知识的多和少，应该是知识的可使用性和有效性。而幼儿阶段，只有丰富的直接经验才可以促进孩子经验建构的发展。**要丰富幼儿的直接经验，只可以投其所好，就是通过游戏**，而玩学具是通过游戏获得有价值经验的有效载体，因此玩教具的投放和运用标准是决定了一所幼儿园教育质量的主要元素。

三、分析中国幼儿园区域活动配置落后的原因

首先看看欧美国家的学具产业发展过程和政府的监督机制：

1. 欧洲学具产业的发展过程案例。著名幼儿教育家蒙特梭利女士曾经尝试在现有的玩具中发现合适的学具，但没找到，只好于 1920 年找荷兰一家规模很小的木工厂为她生产自己设计的第一批学具。她要求采用质量最好的原木材，而且加工要求非常严格。木工厂的负责人很配合，一一满足她的要求，生产的也就是第一批蒙氏教具，直到今天，这所木工厂 Nienhuis Montessori 还在生产蒙氏教具，产品的基本设计没有多大的改变，只是加工的工艺更严格，生产的产品质量更高。现在这家公司每年生产几万套蒙氏教具，销售遍及全球一百多个国家。而且在蒙氏后人指导下，这家公司每年不断补充延伸产品线，它的年产值已经是以亿元计算。除了蒙特梭利，德国的福禄贝尔和意大利的瑞吉欧课程模式也体现了类似的发展模式。

2. 美国学具产业的发展过程案例。1954 年，美国一位女士创办了一家叫 Lakeshore Learning Material 的公司，专门销售产品给幼儿园。刚开始时，她只生产、设计幼儿园需要的美术材料，但是随着美国政府在 1965 年推行第一个学前教育计划，幼儿园需要大量专用的学具，于是这家公司快速发展。今天，它已经是一家跨国的幼儿园学具供应企业，年产值达到几十亿。这家公司常备产品有一万多种之多，每年更新一半的品种。仓库占地几万平方米，采用最先进的自动化管理流程，员工只要把一个贴了条形码的纸箱放上传送带，传送带就会把纸箱送到货物的位置，然后机械手就会把需要的货物放到纸箱里，接着再送到下一个位置。完成后，纸箱就会直接从十条滑道的其中一条滑到在等待的集装箱里，然后顺序送给不同的客户，效率之高是要亲眼看到才会明白。类似的企业在美国有好几十家。

大部分欧美国家的政府没有直接监督幼儿园的配置标准，是通过市场自由竞争、拨款模式和教师（家长）对玩教具评价的教育培训组成市场监督机制。例如在 2004 年左右，美国由于政策调整增加了大量新移民，美国教育部门要求幼儿园提高对新移民子女学习英语培训的能力，于是增加拨款给幼儿园采购符合 ELL（English Language Learners）的玩学具课程，不同的商家就开发相关产品，送到有关部门审批，然后再推向市场让幼儿园选择。

从欧美学具产业的发展过程，可以看到教育和商业合作的成果（首先是教师运用专业从商，然后商业通过丰富教师的工具帮助了教育发展），也体现了商业运作对教育发展的价值。没有商业运作的支持，教育发展就未必能够这样顺利。反过来，教育的需求也促进了产业的发展。

反观中国的情况。这是中华人民共和国国家教育委员会一九九二年出版的幼儿园教玩具配备目录，应该是到本书出版前在网络上能够找到的关于幼儿园玩学具配置的最新

相关指引。指引采用传统的量化指标：

编号	名称	规格	单位	参考价格（元）	配备			备注
					一类 园大中小	二类 园大中小	三类 园大中小	学前班	
W305	模型	人物、车辆、动植物等	套	50	4	2	1	1
四	科学启蒙玩具							
W401	小风车		个	3	8 12	6 10		
W402	陀螺		个	1	8 4	4 2		
W403	万花筒		个	3	2 2 2	2 2 2	☆	
W404	放大镜		个	5	4 4 2	4 4 2	2 2	4
W405	寒暑表		个	1	2 2 2	2 2 2	2 2 2	1
W406	地球仪		个	20	1	☆		1
W407	磁铁块		块	0.40	30 30 30	30 30 30	30 30 30	20
W408	沙水箱（池）		个	200	2 2 2	2 2 2	1	1
W409	池水玩具配件		套	50	2 2 2	2 2 2	1	1
W410	磁性玩具		套	100	1	1		
W411	弹跳玩具		套	40	1	1		
W412	滑动或滑轮玩具		套	30	1	1		
W413	计算器	教师演示用	个	10	1 1	1 1	1 1	1
W414	幼儿计算器		个	4	10 10	8 8	6 6	10
W415	小型计数材料	100个一盒	盒	15	若干	若干	☆	
W416	几何图形片		盒	8	10 10 4	6 6	4 2	20
W417	图形投放盒		个	10	2 6	2 4	2 4	
W418	图形戳		套	5	8 8 4	6 6 4	4 4 2	
W419	数形接龙		盒	8	10 6	8 4	6 2	
W420	巧板	三巧、五巧、七巧	套	2	40（七巧）	30	10	40（七巧）
W421	图形钉板	0.22×0.22	块	3	10 6	8 4		10
W422	套式玩具	套人 套塔套筒 套碗	套	10	4 4	4 4	4 4	

里面的品种单一，采用过时的小学化分类方式，规格模糊，更没有阐述物品的功能和作用，局限了老师发挥玩具的价值。相比欧美幼儿教师在每一种游戏类别都可以有过百的选择，规格清楚，操作说明清晰，中国幼儿园的配置标准可以说是在原始时代。

既然学具产业对幼儿园的发展能够起到很大的促进作用，我国是全球拥有最多幼儿园的国家之一，有二十多万所幼儿园，而美国只有几万所幼儿园，但为什么相比美国，我国幼儿园学具产业发展还是停留在一个相当落后的局面？这不是我国的老师没有创意，在教育部多次组织的"自制玩具比赛"活动中，我们也见到有很好的创意作品。原因可能是90年代后期的十多年中，政府以经济学思维改革幼儿园："以'市场逻辑'代替'教育逻辑'……有人甚至用'创造性破坏'来形容当下的幼儿园改制。"把幼儿园社会化是我国现在很多地方的政策，根据调查，大概百分之六十以上的幼儿园是社会力量办园。所以和欧美国家相比，我国幼儿园投资的目的是迎合市场，宁愿将更多资源投放在门面的装饰。华东师范大学学前系教授李季湄就曾经说过："我国幼儿园的投资都是用来贴门面的！"

到不同的大城市看看，就看到我国幼儿园的投资一点都不会比欧美先进国家的幼儿园少，不过投资都是用在门面上的东西上，像瓷片、地材、橡胶地等，所以这类产品发展迅速。例如，我国很多幼儿园为了显示高档，把好好的草地铺了塑胶地垫，我国塑胶地垫产业的发展在过去十年已经"赶英超美"。但是这些塑胶地垫在欧美先进国家是不允许在幼儿园铺装的，因为会散发出气味，孩子个子矮小，在户外活动时就会吸进体内，而且他们肝的排毒功能还没有成熟，所以会对他们造成长远的隐形毒害。可是我国很多幼儿园为了市场需要，对这些能看到的装饰非常舍得投资，反过来用在学习上的学具，因为家长看不到，也不懂，大多是到批发市场，用低廉的价格买一些不知产地、质量没有保证的廉价的玩具给孩子。一大堆这样的材料就当作学习的学具，就是我国幼儿教育界投放教玩具的普遍现象。为什么当教育市场化就容易出问题？因为当你市场化，就肯定倾向于迎合市场。不过教育服务是应该让客户花钱来学习、来改变。教育不是给客户牵着走，所以教育是很难市场化的，市场化的后果就是为了迎合客户需要牺牲了专业性。

除了迎合市场外，盲目追求经济效益是另一个问题。"深圳公办园转企所造成的事实是，22家公办园在转企后迅速分化，除极个别幼儿园还遵循教育性的办学原则外，绝大部分幼儿园都通过各种方式，如增加班额、扩大班级规模、节约培训开支等方式来开源节流。学前教育中以幼儿的身心发展为中心，为幼儿提供适宜课程的观念在改制园中已严重错位。幼儿园无法完全以幼儿为中心来开展适宜的教育活动。同时，优秀教师流失现象非常严重，为了补充师资，幼儿园只好大量招用临时工。"

因为有市场推动，所以我国幼儿教材及兴趣班课程的产业发展蓬勃，差不多所有幼儿园都在用教材及兴趣班课程。在欧美先进国家，幼儿园是很少使用教材的。而中国幼儿园里的教材是千奇百怪，从学科到思维、到礼仪、到理财什么都有。

　　更可悲的现象是幼儿园本身不去提高教学水平、培训老师，而是引进不同机构的课程进行不同课程学习的模式，很多幼儿园就像一间商场一样，把硬件装修漂亮然后外包。数学班就跟某某机构合作，英语班就跟某某合作，思维班就跟某某机构合作，幼儿园只是一个空架子，里面没有任何内涵。这就是我们中国幼儿园开源的情况。而为了节省成本，方法是采用标准课程，然后就不断更换老师。这就是最近几年，这种商业机构如雨后春笋般发展的原因，但是这些都是在摧毁我们幼儿园教育的未来！

　　欧美幼儿园大部分都是公立的或者可以得到资助，这种体制很明显就是教育机构，跟经济没有关联，所以可以坚持专业性发展。它们知道对孩子有价值的就是为他们提供大量的学具及材料，于是就推动了学具产业发展。而我国则因为幼儿园市场化，于是推动了建材业、教材业、兴趣班的发展。

　　同时中国到现在为止没有几家专业、有规模的幼儿园配置生产商，教师没有理想的玩教具产品可用的话就只有自制。其中一个原因是**教育商业意识相对落后，更恰当的说法是"迂腐的学术思维——只要和商业挂钩就觉得是大逆不道"。这些落后、迂腐的思维让中国大陆幼儿园使用工具的观念不如西方，这种落后在幼儿园的配置方面的体现更为突出。**

　　但是西方的这种商业的模式是否就是唯一的模式？我不同意，我认为应该根据中国国情走出自己的路。

附录一：
天津军丽幼儿园大中小班
观察记录（小二班）

幼儿观察记录分析表

对象：高颖恩 年龄：3 岁 观察教师：刘传奇

观察记录 （老师： 地点： 时间： 照片： ）	行为分析 （老师： 时间： ）	对应《指南》 的目标	下一步计划 （老师： 时间： ）
2016 年 9 月 23 日	9：50 恩恩正在使用小筐挑选水果。她拿了一个西瓜，澜澜拿了一根豆角和一个西红柿放了进去。恩恩对澜澜说："我们可以吃饭啦！"老师问："你们想吃水果还是蔬菜呢？"恩恩说："我要吃午饭！"老师说："西瓜是水果，豆角和西红柿是蔬菜。"恩恩说："我都想吃。"老师说："好的。" 	对象孩子有自主想法。	体现《指南》目标的具有自尊、自信、自主的表现：能根据自己的兴趣选择游戏或其他活动。	加强教师活动设计的自主性，采用生动的背景、语言、材料吸引幼儿对活动的兴趣。

（续）

观察记录 （老师：　　地点： 时间：　　照片：　　）	行为分析 （老师： 时间：　　）	对应《指南》 的目标	下一步计划 （老师： 时间：　　）
2016 年 9 月 23 日	9：55　恩恩对澜澜说："你来当妈妈，我当姐姐。"澜澜说："好呀!" 	对象孩子有意识分配角色，但并不理解角色的含义。	体现《指南》目标愿意与人交往：愿意和小朋友一起游戏。	采用家园共育形式，在家中，爸爸、妈妈让孩子多感知家人的角色，例如"爸爸做饭、妈妈洗衣服，哥哥照顾妹妹"等。
2016 年 9 月 23 日	10：05　澜澜和恩恩一起在厨房"做饭"。他们一会儿把菜放进洗手池，一会儿把菜放进冰箱。一会儿恩恩说："饭熟了，我们快来吃吧!" 	对象孩子有做饭意识，喜欢摆弄做饭的工具和灶具。	体现《指南》目标亲近自然，喜欢探究：经常问各种问题，或好奇地摆弄物品。	教师提供说明做饭步骤的相关照片、视频，在集体活动、生活活动中让幼儿感知做饭的工具、使用方式、做饭的步骤等。例如手指游戏《大汉堡》。

幼儿观察记录分析表

对象：高颖恩　　　　　　　年龄：3岁　　　　　　　观察教师：刘传奇

观察记录 （老师：　地点： 时间：　照片：　）	行为分析 （老师： 时间：　）	对应《指南》 的目标	下一步计划 （老师： 时间：　）
2016年9月30日　9：45　恩恩和福运、瑷铭商量玩角色扮演，恩恩说："我要当妈妈。"福运说："我喜欢当哥哥。"瑷铭说："那……我当爸爸吧。" 	对象孩子有自主想法，并能大胆说出自己的想法。	体现《指南》目标愿意讲话并能清楚的表达：愿意表达自己的需要和想法，必要时能配以手势动作。	加深孩子对角色的理解，尝试其他的角色，交换角色游戏。
2016年9月30日　10：03　恩恩正在和小朋友"切水果"。他们把玩具柜上的水果都堆在了桌子上，一会儿西瓜滚落到地上，一会儿橘子又掉下来了。福运说："我们的水果都掉在了地上。"瑷铭说："没法吃了。" 老师走过去说："你们想吃几个水果呀?"恩恩说："3个水果。"老师说："我们是不是拿得太多了呢，要不要先放回去一些，如果还想再吃的话我们再去拿。"孩子们说："好。" 	对象孩子在选择所需要的玩具时没有数量的范围意识。	未能体现《指南》目标初步感知生活中数学的有用和有趣：体验和发现生活中很多地方都用到数量。	在益智区投放有关5以内点数的多种材料，建立规则，玩具每次拿一个或者两个；掉在地上的玩具要捡起来放回原处。

（续）

观察记录 （老师：　地点： 时间：　照片：　）	行为分析 （老师： 时间：　）	对应《指南》 的目标	下一步计划 （老师： 时间：　）
2016 年 9 月 30 日	10：05　瑷铭和福运在桌子上"切西瓜"。还有一两个水果散落在地上，恩恩小朋友觉得无聊，开始用脚踢地上的水果。老师过去说："恩恩，地上的水果找不到它的家了，你这样用脚踢，它们会很疼哦！能不能和老师一起帮他们找到家呢？"恩恩说："好。"	对象孩子还没有建立爱护玩具的意识。	体现《指南》目标遵守基本的行为规范：在成人的提醒下，爱护玩具和其他物品。	在生活中引导幼儿爱护玩具，把玩具当做自己的好朋友，不要去伤害它。

幼儿观察记录分析表

对象：高颖恩　　　　　　　　年龄：3 岁　　　　　　　　观察教师：刘传奇

观察记录 （老师：　地点： 时间：　照片：　）	行为分析 （老师： 时间：　）	对应《指南》 的目标	下一步计划 （老师： 时间：　）
2016 年 10 月 12 日	9：45　恩恩对老师说："我从家里带来了一只小兔子，我可以带到娃娃家里来吗？"老师说："当然可以。"恩恩从柜子里拿出小兔子，抱着小兔子跑进了娃娃家。	对象孩子有自己的意愿和想法，并且能询问老师是否可以施行。	体现《指南》目标愿意讲话并能清楚地表达：愿意表达自己的需要和想法，必要时能配以手势动作帮助说明。	加强教师活动设计的灵活性，抓住教育契机，让孩子们在自己创设的环境中获得教育。

（续）

观察记录 （老师：　　地点： 时间：　　照片：　）	行为分析 （老师： 时间：　）	对应《指南》 的目标	下一步计划 （老师： 时间：　）
2016 年 10 月 12 日	9：55　恩恩将小兔子放在了躺床里，鑫鑫看到了就抱了起来，恩恩把小熊抢了过来，对老师说："老师，她拿我的小兔子。"老师对鑫鑫说："小兔子是恩恩带来的，如果你喜欢，想玩一会儿的话，可以和恩恩商量一下，他同意了你就可以玩啦！"鑫鑫说："哦。"鑫鑫对恩恩说："我可以玩一会儿你的小兔子吗？"恩恩说："可以，给你。" 	小班孩子还没有完全建立礼貌意识。小班孩子还不知道该如何运用礼貌用语。	体现《指南》目标遵守基本的行为规范：知道不经允许不能拿别人的东西，借别人的东西要归还。未能体现《指南》目标具有文明的语言习惯：能在成人的提醒下使用恰当的礼貌用语。	加强教师自身的礼仪和礼貌用语，在生活中潜移默化地教育孩子。建议爸爸、妈妈在家中和孩子商量事情时也使用商量的语言进行沟通。
2016 年 10 月 12 日	老师以客人的身份敲了三下娃娃家的门："咚咚咚，有人在吗？"恩恩："谁呀？"老师说："我是刘老师，可以去你家做客吗？"恩恩和鑫鑫说："可以。"他们跑过来给我开门。	对象孩子知道客人来做客，要给客人开门。	体现《指南》目标认真听并能听懂常用语言：别人对自己说话时能注意听并做出回应。	提供区域人物角色设计。可以利用区域联合，让其他区域的小朋友到娃娃家做客，加强同伴之间的交往能力。

附录二：
天津军丽幼儿园大中小班
观察记录（中三班）

幼儿观察记录分析表

对象：肖俊吉　　　　　　年龄：4 岁 11 个月　　　　　　　　　　观察教师：王妍

观察记录 （老师：　地点： 时间：　照片：　）	行为分析 （老师： 时间：　　）	对应《指南》 的目标	下一步计划 （老师： 时间：　　）
9：03 俊吉在建构区的材料中挑选玩具材料。 9：05 俊吉挑选到了自己想要玩的玩具。 9：06 俊吉开始搭建。	小朋友知道自己喜欢什么，想要玩什么，擅长什么。	社会领域：知道自己的兴趣和能力，感受到自己是班集体一员。	幼儿开始活动前，询问幼儿有什么想法、想要搭建的目标、还需要什么材料，尽可能为幼儿提供需要的支持。
9：11　俊吉正在一步步搭建。搭建好后，俊吉开始将其他的玩具材料试着投入到搭建好的空洞中。 9：14　旁边组的小朋友想要借用俊吉的玩具木条，俊吉很愉快地答应了。 9：17　俊吉开始动手，把下层的木条抽出来，搭建的建筑仍然没有倒下。	小朋友正在做着一些他没有尝试过的探索，有的玩具掉下去了，有的玩具放不进去，幼儿进行此项操作的时候表现得非常开心。	科学领域：有好奇心和探究的欲望，敢于动手操作并发现一些现象。	俊吉一直一个人玩，希望下次引导他寻找到一个玩伴一起玩。

（续）

观察记录 （老师：　　地点： 时间：　　照片：　　）	行为分析 （老师： 时间：　　）	对应《指南》 的目标	下一步计划 （老师： 时间：　　）
9：18　俊吉将手伸入搭建好的"建筑"中，将之前放入的其他玩具慢慢取出。取出玩具之后俊吉非常开心。 	幼儿通过尝试，感受到了成功的喜悦。	健康领域：养成开朗的性格。喜欢参加集体生活并感到愉快。	
9：27　俊吉不小心将搭建好的建筑物碰塌了，他也没有表现出不开心，反而说了一句："下次我还会摆的更高的。"	幼儿对自己非常有自信，没有因为搭好的建筑物倒塌而哭闹。	健康领域：学习用适当的方式宣泄调整自己的不良情绪。	

幼儿观察记录分析表

对象：肖俊吉　　　　　　年龄：4岁11个月　　　　　　观察教师：王妍

观察记录 （老师：王妍　地点：建构区 时间：2016年10月11日 照片：正在搭建）	行为分析 （老师： 时间：　　）	对应《指南》 的目标	下一步计划 （老师： 时间：　　）
9：11　俊吉正在同其他的小朋友在一个组内，并且今天他们组的小朋友都是选择的建构区的玩具。 9：12　俊吉选择了一筐玩具，里面有2～3种不同的且都是木质的搭建材料。 9：14　小朋友分开挑选筐内的玩具，非常和谐，没有争吵。俊吉一直在看，在选择自己想要的玩具，并且观察了一会以后，开始动手挑选了。	小朋友知道自己喜欢什么、想要玩什么、擅长什么。这次选择玩具非常有目的性。	社会领域：知道自己的兴趣和能力，感受到自己是班集体的一员。	

（续）

观察记录 （老师：王妍 地点：建构区 时间：2016 年 10 月 11 日 照片：正在搭建）	行为分析 （老师： 时间： ）	对应《指南》 的目标	下一步计划 （老师： 时间： ）
9：15 俊吉一直在挑选相同的模块的玩具。挑选以后，俊吉将玩具一字摆开，建成一个长条状，说："现在火车道修好了，可以开火车了。"俊吉边用木质玩具在"火车道"上面"哐当哐当"地前进，边数路过的火车道。	幼儿对自己的作品非常满意，且能够点数。	科学领域：能够正确点数 6 以内的物体。	
9：17 俊吉继续寻找材料，另一个共同使用玩具筐的小朋友也刚好在找玩具，两名幼儿没有发生争吵，都在挑选适合自己的玩具，并且找到后会看是否符合对方的要求，是的话会问："这个你能搭，给你吧。" 	小朋友之间能够和谐相处，分享玩具，能找到符合对方的玩具，区别不适合自己的玩具。	能从一堆物体中把不属于这个集合的元素找出来。	
9：28 最后收区的时候，俊吉依然没有完成他的作品，于是走过来问我："老师，这个我还没有搭完，可以留着下一次继续搭吗？"我回答："可以。"俊吉将半成品拿给我，回去高高兴兴地继续收区了。	小朋友愿意尝试和老师沟通。	语言领域：愿意在集体中用连贯的语言表达自己的想法。喜欢与他人交流，学会商量。	继续让幼儿自主完成作品，期间提供给幼儿一些建筑的图片。

附录三：
天津军丽幼儿园大中小班
观察记录（大四班）

幼儿观察记录分析表

对象：刘子涵　　　　　　　　年龄：5 岁　　　　　　　　　　　观察教师：韩燕

观察记录 （老师：　　地点： 时间：　　照片：　）		行为分析 （老师： 时间：　）	对应《指南》 的目标	下一步计划 （老师： 时间：　）
2016 年 9 月 12 日	9：20　涵涵在户外操场上准备打棒球，他拿起粉色的丝带戴在手上（每个队伍的丝带颜色不一样）。他对其他小朋友喊："谁想和我一个队?"初初说："我想和你一个队。"紧接着又过来几个小朋友。涵涵问："谁当队长?"所有人都说："我想，我想当队长。"涵涵问老师："老师，我们都想当队长，你说谁来当?"老师回答："都想当队长，意见不统一，你们想办法选出一位队长来。"	涵涵在活动中可以主动邀请其他小朋友一起游戏。	体现《指南》中的目标"能想办法吸引同伴和自己一起游戏"。	

（续）

观察记录 （老师：　　地点： 时间：　　照片：　　）	行为分析 （老师： 时间：　　）	对应《指南》 的目标	下一步计划 （老师： 时间：　　）
9：27　涵涵："要我说咱们举手投票决定，谁得票多谁当。其他人都说："行，这个办法好。"（最后，泽泽得票最多，当选为队长。） 	涵涵在活动中想出解决问题的办法。	体现《指南》中的"能主动发起活动或在活动中出主意，想办法"。	
9：30　涵涵走向防守的位置，自言自语小声嘟囔："我想当队长，我比泽泽更清楚规则，我可以指挥大家赢得比赛。"	涵涵在活动中对于结果不满意时，没和同伴说出自己的意见。	未体现《指南》中"与别人的看法不同时，敢于坚持自己的意见并说明理由。"	比赛后，建议想竞选队长的小朋友说明自己适合当队长的理由，然后其他人再投票。

幼儿观察记录分析表

对象：刘子涵　　　　　　年龄：5 岁　　　　　　　　　　观察教师：韩燕

	观察记录 （老师：　　地点： 时间：　　照片：　　）	行为分析 （老师： 时间：　　）	对应《指南》 的目标	下一步计划 （老师： 时间：　　）
2016 年 9月 13 日	9：30　操场上，老师带领孩子们做准备活动，做到扩胸运动的时候，涵涵说："这节操好有意思。" 9：32　投球练习时，涵涵反复练习，但是球都投的不远。	涵涵对于活动很感兴趣。 投球的姿势不正确，对于大班孩子来说，投球的距离不远。	体现《指南》中的目标"乐于参加体育活动"。 未体现《指南》中的目标"能单手将沙包向前投掷 5 米左右"。	在接下来的训练中，教师要特别注意该幼儿的投掷姿势，及时纠正调整。利用其他户外活动时间开展一些扔沙包的游戏。

（续）

观察记录 （老师：　　地点： 时间：　照片：　）	行为分析 （老师： 时间：　）	对应《指南》 的目标	下一步计划 （老师： 时间：　）
9：35　孩子们分成两队准备比赛。涵涵说："这次谁想当队长得说明理由，我熟悉比赛规则，可以指挥大家跑垒，所以，你们得选我。"泽泽说："我力气大，可以把球打得很远，选我当队长。"（最后涵涵当选队长）涵涵笑着跑向指定场地击球。	涵涵在活动中听取了教师的建议，说明自己能够胜任队长的想法，并获得成功。涵涵的语言表述完整连贯。	体现《指南》中的"理解规则的意义，能与同伴协商制定游戏和活动规则"。体现指南中的"能有序、连贯、清楚地讲述一件事情。"	
9：38　涵涵站定击球，左手在上，右手在下握棒，挥棒击球，但是没有击中。裁判教师："第一击不中，还剩一击。"涵涵："我刚才好像忘记弯腿了。"紧接着，涵涵弯腿半蹲，使劲挥棒，击中球，涵涵扔下球棒后迅速跑向一垒。	涵涵在第一次击球失败后并没有气馁，而是很快发现由于自己没有弯腿，身体重心不稳导致失败。涵涵对击球要领掌握不熟练。	未体现《指南》中"动作的协调性和灵活性"。	教师可以与幼儿一起创编一些击球动作要领的儿歌，帮助幼儿巩固练习。
9：45　涵涵已经跑到三垒，正准备击球进攻的是队友冉冉，涵涵对冉冉喊："我马上就跑回本垒，你把球击远一点，咱们队就能得分了。"	涵涵对比赛规则很熟悉，并且能够提醒队友，有团队意识。	体现《指南》中的目标"愿意为集体做事，为集体的成绩感到高兴"。	
9：47　得分后的涵涵脱下外套，对老师说："老师我热了，能帮我拿下衣服吗？"	经过运动涵涵有些热了，把自己的外套脱下来。	体现《指南》目标中的"能知道根据冷热增减衣服。"	

附录四：
遵义红花岗区机关幼儿园张璐璐老师
区域活动布局实践报告

亲爱的各位群里的老师、专家们，大家好！我是张璐璐，是贵州省遵义市红花岗区机关幼儿园的一名一线教师，今晚主要和大家一起分享一下我们幼儿园课改的一些经验，其实也没有什么高深的理论和不得了的事情，就是分享蔡博士来我们园给我们指导的经验。因本人水平有限，说得不对和不好的地方还请大家批评指正，多多海涵！在此先谢谢大家了。

大概是在 2009 年，那时候我们的班额比现在多，我接的小班有 46 个之多，大班最多的时候近 90 个，而且睡房和教室是在一起的，每天孩子吃饭前老师就开始搬床，一间间摆好，午睡后又要把床收起来，堆在教室后面，要占用很大的一部分空间，在这样的背景下我们还要开展区域活动，那个难度可想而知……

我们老师都很头疼，面对这样的状况，还要我们开展区域活动，简直比登天还难。直到蔡博士第一次到我们园来了以后，启发我们因地制宜，用孩子的床作为隔断，做什么叫封闭又开放的区角，那时我们才顿悟，原来床是可以用来做隔断的，佩服啊！

后来蔡博士第二次来我们园，我们就向他反馈了孩子多、集体教学活动不是能很好驾驭和把控的问题，而且孩子没有选择，哪怕孩子此刻并不想参加集体活动，也必须参加，因为没有其他选择。针对这种情况，蔡博士给我们提出建议：可以分组进行教学，一半孩子进行集体教学，另一半孩子就玩区域游戏。这样孩子就可以根据此刻自己的意愿来选择参加什么活动。

我们老师当时就提出质疑："在一个教室里做这些活动吗？（因为没有其他地方可去，我们幼儿园特别小）"蔡老师回答："是的！"我们老师都不相信，连连摇头："不可能！在一个教室里，绝对会相互干扰，孩子们是人啊！怎么可能不走动、不互相干扰呢？"蔡老师说："不信我做给你们看！"

第二天,蔡老师就用我们其中的一个班做试点,把教室里的柜子、桌子等重新规划了一番,前面的部分用来做集体教学,后端的部分用来进行区域活动,当然,后面区域活动的孩子是有另一位老师照看的。接下来蔡老师组织的活动让我们目瞪口呆:进行集体教学的孩子在老师的带领下愉快地进行着数学游戏;而在后面活动区域的孩子们则非常有序和安静地进行着区域活动。当然,谈论和交流的声音是肯定有的,不过都能在老师的提示下控制音量(或者直接用轻音乐,提示孩子交流的声音不要超过音乐的声音)。

这之后,再把孩子进行交换,开始进行集体教学的孩子去玩区域,玩区域的孩子再来进行集体教学。这样孩子不仅有了自主选择,老师分组教学也很轻松,因为不需要去照顾那么多孩子了(是不是以前大家集体教学的时候都有这种体会:孩子太多,老师无法照顾到每个孩子的需求,有的孩子可能"吃不饱",而有的孩子则完全不知道你在讲什么)。

分组活动的好处是什么呢?我的体会是:

1.减轻老师在集体教学时无暇顾及孩子的无助感。

2.最重要的是,原先那些在老师看来,参加集体活动的时候丝毫不起眼的孩子(也就是能力一般,不好不差的孩子),在分组教学的时候你会去重新定义对他的评价,因为在以往的集体教学中这类孩子早就被班里的那些"尖子生"的光芒遮盖,分组教学让他们得以"重见天日"。说得有些夸张了,但就这个意思,大家理解就好。

3.有利于区域活动时老师对孩子进行观察,因为孩子少了,对老师的干扰降低了,老师观察孩子的目的性更明确。

说到这里,肯定有的老师就要问了,那教室要怎样划分才更有利于进行分组活动呢?这就是关键中的关键了!这一点蔡老师非常有研究、有见地,我们都是跟他学的。根据每一间教室的形状、格局和班级里孩子的多少,甚至用的是什么样子的区角柜,都有不同的划分方法,这里我就以我们幼儿园的班级来举例:

首先:需要找到教室的中心点,就是老师站在那个位置可以对整个班级一览无余、可以看到所有的孩子们的地方:

这张照片中"益智区"那 3 个字的位置就是教室的中心点，以区域柜为隔断的两边和后面的区角老师都可以看到，

然后，中间的柜子（贴有蓝色卡纸），开口向右的两个柜子是美工区，贴在背面的东西以及那个开口向左的柜子是益智区材料，后面左边是"宝贝 DIY"，中间是"爱心小屋"，靠窗的是图书区。左面朝前的柜子里是开放性区域材料，右边朝前的柜子是桌面小建构。前两个区域是我们幼儿园的园本课程，这里就不多说了，有兴趣的老师可以以后再探讨。

为什么这样划分呢？蔡老师的建议是：柜子在中间，两边的孩子就可以像吃自助餐一样。

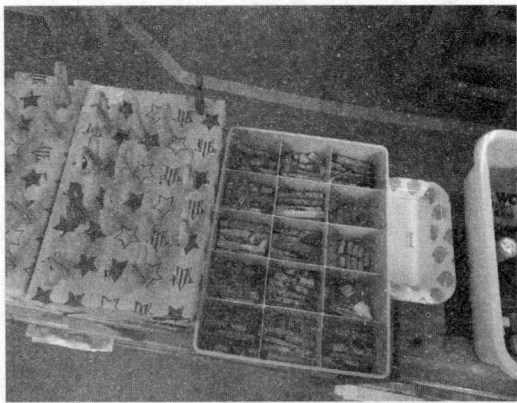

看见图片中间那个长方形的小盘子了吗？孩子需要什么，就像吃自助餐一样，把需要的东西放在盘子里，比如蜡笔、剪刀什么的，拿到自己的位子上去操作使用。收材料的时候按颜色放好，不会乱。

我们再回到分组教学中来，看，教室被区域柜自然分隔出两部分，首先是分组教学，我采用教室中左边的地方来做分组教学（如上面照片所示）。这个时候，屏风的价

值就体现出来了，这个也是在我们的教育资源非常有限的情况下，蔡老师给我们想出的好办法！

这3张图都是在柜子的左边，我们用屏风隔开来做孩子们的教学活动之用，孩子们在做数学游戏。

另一边就是穿着蓝色衣服老师柜子的右边，是另一部分孩子的区角活动：

　　细心的老师也许已经观察到了，屏风上也是可以做文章的哦，一些活动步骤图、如何系鞋带和学习拉拉链等的示范图都可以利用屏风进行展示。在墙面不够用的情况下把能利用的地方都利用起来，就看老师怎么去划分和有效地组织策划。屏风的高度最好是高过班上最高孩子的头，以减少区域之间的干扰。

　　这样，是不是在一间教室里，分组教学和区域活动能够同时实现了呢？开始觉得不可能的事情，现在自己也可以做到了。还没有尝试过的老师，您也是可以的！其实孩子只要手上有好玩的东西能够吸引他，是会很专注的，自己喜欢的事情还没探索够，哪里有精力去在意别人在干什么呢？

　　接下来是整班开展区域活动的照片：这是用屏风隔开的大建构区和益智区：

这是后面屏风分开的 DIY 区的小朋友在穿项链和给裙子作亮片装饰：

这个是美工区：

特色课程：爱心小屋

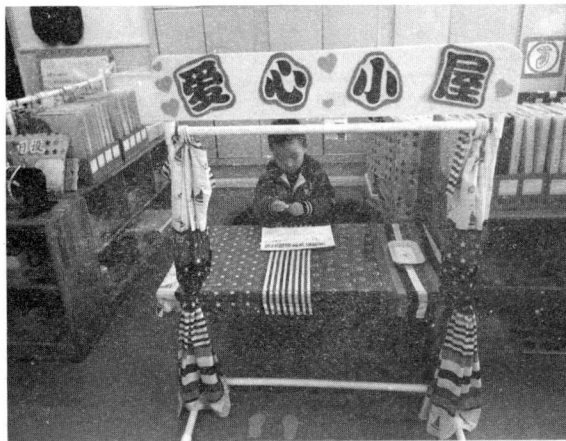

图书区：

益智区：

　　以上就是今晚和大家交流分享的内容，肯定有很多做得不够好的地方，也请大家看了之后给我们提出宝贵的意见和建议！谢谢蔡老师一直以来对我们的支持和帮助！也谢谢群里的老师们平日里无私的奉献！感谢有你们！

遵义红花岗区机关幼儿园

张璐璐

2015.12.19

附录五：
广州某基层民办幼儿园朱茱老师
建立幼儿班级关系实践报告

老师安排我今天和大家一起分享我的一点心得体会，本人才疏学浅，今天就抛砖引玉吧，愿与大家共勉。

首先介绍一下我所在的班级，班上有 17 个孩子，小的 4 岁，大的 5 岁。人虽然不多，但接手后发现班级存在许多的不足。比如排队时总是要老师扯着嗓子倒数几个数才能勉强把队伍排好，而且存在严重的抢排第一的情况；集体教学活动时，强势的孩子随意换位置，导致弱势的幼儿哭闹。

一、温柔的坚持

蔡师说，最强大的力量就是"温柔的坚持"，也就是要我们做到，在孩子面前我们要用好的态度，用包容的态度对待他们，但是遇到原则问题时也要坚持原则。

Lily 是个 4 岁的小女孩。每次进行集体教学活动的时候，只要是她不感兴趣的内容，她马上就离开位置，独自到一边去玩了。她也从不和小朋友一起排队，早餐不合胃口就不吃，有时连午餐也不吃。要是强迫她，她就耍赖、哭闹甚至滚地。我问班上的老师这个孩子以往地情况，老师说她应该是在家里被惯坏了，很娇气，又很倔，根本就不听老师的话。连每次吃饭都只能不停地哄着她，她才可能吃点，好在她不会主动去影响别人（显然，班上老师拿她没办法，事多点的时候也就由着她爱干吗干吗），所以班上老师对她比较放任，不勉强她，遇到问题通常是老师妥协。虽然不影响别人，但像她这样我行我素地不参加集体活动肯定不行。

今天她从家里带了一个小猫玩具来园，看她那宝贝样就知道她非常喜欢这个玩具。送她来园的爸爸说她一定要带这个玩具来，说什么都不听。我故意对 Lily 说："这个玩

广州某基层民办幼儿园朱荣老师建立幼儿班级关系实践报告

具给我玩玩好不好?”她只是拿出来给我看了一眼，马上又把小猫藏在了身后。早锻时，另一位老师帮她收拾时，她才很不情愿地把玩具放到了她的书包里。午休起床后，她又把玩具拿出来玩了，直到临近吃午点的时间了，还在玩。我告诉她把玩具先给我保管，我会把它放在我的桌子上，等她吃好了再还给她。可是她不但不给我玩具，还把它藏在身后。我继续重复上面的话，她还是不照做。重复几次无效后，我伸手从她背后拿出了玩具，然后放在她的手上，对她说：“你自己把小猫放我手上。”她很不乐意地照做后，马上就往地上一坐。这时全班的孩子都看着我，我立即抓住这个教育契机对 Lily 说：“在猪猪老师这里耍赖是行不通的。”然后把目光扫向全班孩子。我在语言上给了她选择：“玩具是放我这里保管还是要放在你自己书包里? 想好了起来告诉我。”她听后马上站起来把自己的书包举得高高的，表示不愿意放到书包里。没一会她就举累了，又往地上坐。我伸了一只手在她眼前说：“坐地上是没用的，老师给你一只手，你拉着我的手起来，好不好?”她倔强地别过头，我又重复了两遍，这下我看见她的手动了一下，但马上又缩回去了。我又进一步施加压力对她说：“如果你还不起来，我就要把小猫放在我的包包里了哦。”僵持了一会儿后，她跑向离我最远的一个角落坐了下来。我继续说：“你决定不要这个玩具了吗? 那我就把它放进我的包包里了，等你想好了再来问我要。”她马上大哭起来。班上另一个老师过去安慰她，并把她带到我的面前教她要怎么和我说，可是她就是不开口，又坐在地上大哭。期间班上的孩子都用完午点开始上课了，她还在有一句没一句地“哭”着。我也伸过几次手给她，她都没有理我。于是我把目光转向那些在上课的孩子身上，装作不理她了。过了一会儿，她着急了，加大哭声提醒我，我看时机到了，起身把玩具拿了出来，她用力扯着她的衣领，一边哭一边泪眼巴巴地望着我，我伸手一摸有点湿，原来是泪湿了衣服。我笑着说：“你书包里有带衣服吗? 我们把衣服换了吧。”她抽泣着点点头，然后拉着我的手站起来了，换好了衣服后，我把玩具递给她说：“我们把小猫放在书包里吧。”我轻轻地拍拍小猫说：“小猫你要乖乖地待在书包里哦，等放学后 Lily 姐姐再陪你玩。”她也学着做了。等她放好书包后我张开双臂和她拥抱。我告诉她：“老师还是很喜欢你，你现在长大了，是中班的孩子了，也要和其他小朋友一样不拿玩具上课。”然后一下午她的眼睛都在寻找我。整个过程持续了整整 40 分钟。

如果换以前的做法，会先讲一堆道理，如果孩子不听就强制性执行。其实我没来的时候班上老师也是这样做的，所以效果极其不好。

以后对待小 Lily，只要是原则问题，我都是笑眯眯地丝毫不让步，这小家伙也很快就适应了。来看看老师温柔地坚持使这个孩子发生的巨大改变吧：现在只要提醒这个孩子排队或是上课，她都乐意参加，也不再耍赖和在地上打滚。前两天她又带了一个玩具来园，上课前我说：“让我帮你把玩具放进书包吧”，这一次她马上就把玩具给我了。

二、长大了没有

蔡老师在谈到孩子的自律自主行为时曾说过，对待中班的孩子要用"不影响别人"和"长大了"之类的话语来约束他们的行为。

相信每个园都会有孩子有爬高的行为。往年我都是带大班，对于这种爬高的孩子，第一次是用眼神提醒，大班的孩子心里也明白，爬高的行为是不对的，所以碰上我的眼神时，他们自然就知道要赶紧下来。可是这样做的效果不能持续很久，甚至会出现你一转身他们又开始爬的情况。于是我换做肯孩子讲道理，也就是和他们讲爬高会有哪些危险之类的话，不过这样做也没有起很好的效果。再次发生这种情况时，我那就会大声呵斥："下来。"效果大家可想而知，我就不赘述了。

接手这个班的第二天，我发现的第一个问题就是孩子喜欢踩着柜子爬上两级，然后往窗外看。班级老师似乎对这个现象习以为常了，也只是无奈地对孩子叫："下来。"孩子是下来了，可是过不了多久又开始爬了。看到这样的情况我在脑海中不断搜索着蔡老师的教育法，哪一条适合这种情况，而且是立竿见影的那种。猛然回想起蔡老师曾经在一次讲座上讲到过，对中班孩子的不正确行为只要用鄙视的眼神和嘲讽的口吻对他们说："长大了没有啊。"我立马照做，用鄙视的眼神，略带嘲讽的语气说："长大了没有？还爬窗台呢？"又转身问身边的其他小朋友："没长大的孩子要去哪个班啊？"小朋友们齐声说："小班！"3个孩子马上从高处下来了，此后一天都没再爬过。连续观察了几天都没有孩子再爬过柜子了。

我们园的午休室是两个中班共用的。所以孩子在午休时也是从两个班各抽一个老师值班。我发现每天都是那个班的孩子比较吵。今天当那个班的老师出去刷碗的空当，几个原本躺得好好的孩子立马就从床上站了起来，有的唱歌，有的手舞足蹈。如果在以往，我的对孩子这样的行为的反应肯定是呵斥："别闹了，躺下来。"现在学习蔡氏教育法也有一年的时间了，再用这样简单粗暴的方式处理，估计要是被蔡老师知道了……（流汗）。当时我的脑子里反复出现蔡老师讲过，面对中班的孩子只要一句："长大了没有？"就有效果。想到这里，我压住了心里的火，柔声说道："你们都长大了，是好孩子，好孩子是不会影响别人睡觉的哦。"这句话出口后，3个小家伙立即躺回被窝，一直乖乖地睡觉（说实话，在我没说出下面将要说的话并收到效果时，我心里是没底的，总觉得还是呵斥效果会更好）。

三、不吃午点的 Ann

这天，在吃午点时候，当阿姨用小碗装好食物，请孩子们自己取餐时，发现 Ann 坐在位置上迟迟不动。直到所有孩子都拿好了午点，我也提醒了 Ann 三次来拿午点，她都没有动。嘴里说着："我不想吃"，眼睛却盯着同伴的小碗。我走过去在她旁边蹲下来，先摸摸她的额头，确认她没有发烧，接着问她："为什么不吃呀？"这时班上的老师说："发脾气咯。"我没有顺着那个老师的话继续说，还是看着 Ann 等她回答。她说："我肚子痛。"我说："那我帮你搽点药油好不好？"她点点头，起身跟着我去搽药了。我在她肚子上抹了一点风油精后，拉着她回到她的位置上，顺手把午点也放在她的面前，我就离开了，她也自然而然地吃起来了。有时候孩子只是不小心表达错了，想改回来又拉不下面子，这时候就需要我们给她一个台阶下。

四、由于我的口误，导致孩子互拍

相信听过蔡老师课的老师们对这句话应该有印象吧：假如我要你"千万不要想一根香蕉"，你反而会去想一根香蕉。所以不要用"不要……"的语言形式去指导孩子，也就是不要提示幼儿发生错误的行为。

这次就是由于我的口误，导致两个孩子互打起来。

事件回顾：下课时，峰和岳为了一个玩具发生了争吵，峰一边争论一边用手拍着岳的背部。岳完全沉浸在争吵里，没有意识到峰的举动。在一旁的我着急地说道："别拍！还拍？不是说了要好好说嘛。"我话刚说完，岳一愣，回头看了我一下，然后马上一巴掌拍回给峰。（尴尬）

事后反思：以后再遇上这种事，第一时间要先把孩子分开，千万别提示他们导致错误的行为。

附录六：
《易经》评析区域活动和环境教育关系

《易经》代表了中华民族文明的精髓，可以说已经深深渗透在我们的生活里。例如身体感觉上火，就需要喝清热的，这不就是易经的阴阳平衡嘛。就连通俗的话语都体现了这种精神，"男女搭配，干活不累"也是阴阳平衡的道理！

现代幼儿教育很多理念来自西方，例如区域活动，主题探究等。西方演绎这些理念采用的是西方文化的语言，对于中国人来说很容易产生误解。例如英语中的"自由"（freedom）这个词，背后暗喻了正义公义，集体利益（Definition of freedom from merriam-webster dictionary）。可是来到国内，我看到"自由"这个词经常就被扭曲，甚至沦落为某些"教育家"所谓对抗中国传统支配教育的武器，认为孩子的自由就是"怎样的行为都可以"，但英语对这种行为的正确词汇是放纵（indulgent）！

有见及此，我认为应该采用中国人的思想来演绎先进的幼儿教育理念，中国父母和老师会更容易理解，也更符合中华文化精神，于是我"用易经来解读幼儿教育"。

回顾历史，中、西方的教育都认同幼儿教育就是环境教育，所以就有了孟母三迁、蒙台梭利工作环境这些教育经典（提醒：如果你的头脑中还是"教学"＝幼儿教育的思维模式，请先学习我的其他著作，然后再继续看下去）。

2016 年 12 月我去新西兰的奥克兰大学和幼儿教育系主任 Diti 交流，就她讲述的教育环境，我提出一个问题：专家经常告诉老师，要为孩子打造一个优质的教育环境，可是要怎样打造？环境包括了什么？不把环境的元素具体化，是没办法有效、有系统地调整教育环境。

我当时就向 Diti 介绍了《易经》对环境的具体描述，Diti 不但很认同，而且还立即做笔记记录，邀请我安排为她们的老师就这个内容进行深入地讲解。其实我讲的内容就是大部分中国人都知道的阴阳平衡而已。

按照《易经》对环境的描述，环境是时间、空间、人物的组合。通过对这三者的调整，对受体（孩子）会产生不同的影响效果。例如在区域活动中，老师给予孩子活动时间的长短、孩子活动空间的大小、玩伴的安排，对孩子的发展就会产生不同的影响效果。例如活动时间长，孩子可以慢慢尝试，相比活动时间短、孩子赶着完成，两种环境培养出来的孩子的性格就会不一样。

所以通过《易经》的思维模式，老师或者父母能够更容易掌握"间接教育"，能够有依据地调控影响孩子的教育元素。

时间、空间、人物这些可以调整的元素等于八卦的爻，爻就是代表阴或者阳那条线，连起来的线就是阳，断开的线就是阴。多代表阳，少代表阴；长代表阳，短代表阴；大代表阳，小代表阴……

时间是第一个产生影响的元素，如果没时间给孩子活动，空间和玩伴元素就没有意义。所以时间是作为初爻（或者一爻），也就是下面的第一条线接着第二个元素是空间，因为有了时间，没有空间，有再多的玩伴也没空间玩，所以空间是二爻。我先用时间和空间来说明，这样比较好理解。于是时间和空间的阴阳组合，就产生了四种时间和空间的不同组合现象，也就是"四象"。

```
空 ▬▬ ▬▬  ▬▬▬▬  ▬▬ ▬▬  ▬▬▬▬
时 ▬▬ ▬▬  ▬▬ ▬▬  ▬▬▬▬  ▬▬▬▬
```

按照这四种组合，老师或者父母就可以记录、表达、预测和调控教育内容。首先是可以用符号来记录和表达，例如代表时间短、空间小的就是第一个组合，两个爻都是断的。然后就可以进行实验，看看这个组合环境对孩子发展产生的影响。如果表现出来的效果不理想，就可以通过调整时间和空间元素进行第二次实验，如此类推。于是教育环境就变成了可以操作的间接教育。

当积累了足够多的经验后，还可以预测这种环境条对大部分孩子的影响。这时候，中国人的平衡理念就很重要。例如按照我的经验，在其他环境元素不变情况下，时间短、空间小，孩子就需要快手快脚，但如果这个环境条件超过了孩子的最近发展区，孩子可能就会放弃，干脆不尽力去尝试。

如果是有大量时间和大量空间（第四种上下都是连接线的组合），孩子的情绪就容易放松，自主感得到提升，有利于专注发展。但是过多的时间和空间可能会让孩子过度活跃，又会不利于专注发展。

中国传统观念里的"过犹不及"就很贴切地表达了这个意思（根据百度百科，过犹不及："过：过分；犹：像；不及：达不到。事情做得过头，就跟做得不够一样，都是不合适的"）。

图书在版编目（CIP）数据

幼儿园区域活动实用手册／（美）蔡伟忠著．—北京：
中国农业出版社，2018.3
ISBN 978-7-109-23950-0

Ⅰ.①幼…　Ⅱ.①蔡…　Ⅲ.①活动课程－学前教育－
教学参考资料　Ⅳ.①G613

中国版本图书馆 CIP 数据核字（2018）第 040377 号

中国农业出版社出版
（北京市朝阳区麦子店街 18 号楼）
（邮政编码 100125）
责任编辑　刘彦博

中国农业出版社印刷厂印刷　新华书店北京发行所发行
2018 年 3 月第 1 版　2018 年 3 月北京第 1 次印刷

开本：787mm×1092mm　1/16　印张：11
字数：260 千字
定价：29.90 元
（凡本版图书出现印刷、装订错误，请向出版社发行部调换）